나는 투자금 없이
아이디어만으로 돈을 번다!

$ $ $ $ $ 나는 투자금 없이 $ $ $ $ $

아이디어

만으로

이젠 아이디어 셀러 시대!

돈을 번다!

최규철 지음

특허가 없어도, 모두가 아는 아이디어도,
돈으로 만드는 최규철의 특급 노하우 대공개!

비전코리아

삶과 비즈니스에서
무한한 자유를 추구하는 J에게

몇 년 전 가을이었다. 나는 평소와 다름없이 스타벅스에서 여러 사람과 함께 새로운 사업 아이디어에 대해 대화를 나누고 있었다. 그중 한 분이 내 아이디어에 상당히 관심을 가졌다. 나는 그 자리에서 그분에게 아이디어를 팔았다. 당시 내 아이디어를 판매한 금액은 천만 원 정도였다.

함께 대화를 나누고 있던 다른 분이 그 광경을 목격하고 매우 놀라워하셨다. 그러면서 어떻게 이토록 자연스럽게 아이디어를 팔 수 있는지 물어보셨다. 나는 그 대답을 하려면 다소 시간이 걸린다고 말했다. 그러자 그분은 내게 '아이디어를 판매하는 방법'에 대한 강의를 열어줄 것을 요청하셨다.

나는 그 요청을 즉시 수락했고, 일주일 후 내가 운영하는 '스쿨몬스터'에 강의를 개설했다. 그리고 강의만으로는 더 많은 사람들의 요청을 해결해드리기 어렵다고 판단해 책을 출간하게 되었다.

내가 아이디어에 관심을 갖기 시작한 때는 대학생 시절이었다. 나는 입시 위주의 한국 교육의 폐단을 온몸으로 느끼면서 고등학교를 마치고 힘겹게 대학에 들어갔다. 대학에서는 입시와 성적으로부터 해방되어 자유로운 경험을 하고 싶었고 또 그대로 실천하려고 노력했다.

그러다 철학적 문제에 봉착해 자아 정체성이 크게 흔들렸고, 학교 공부를 등한시했다. 휴학과 복학을 반복하며 기나긴 방황도 했다. 성적은 최악이었고, 건강도 좋지 않았다. 기적처럼 졸업장을 받기는 했지만 진학이나 취업에서 누군가의 선택을 받기가 매우 어려운 상황이었다.

나는 생존을 위해 나만의 방법을 찾아 나섰다. 내가 찾은 방법은 입사하고 싶은 기업에 아이디어를 제안하는 것. 이때부터 아이디어를 판매하기 시작했다. 많은 시행착오가 있었지만, 나는 아이디어를 제안하고 판매하면서 원하는 기업에 입사했고 또 새로운 일감을 만들어냈다.

이후 나는 '아이디어를 만드는 법'과 '아이디어를 판매하는 법'에 대해 꾸준히 연구하고 실험했다. 아이디어를 만드는 법에 대해서는 《아이디어 자동공장 만들기》라는 책에서 상세히 기술했다. 그리고 지금 이 책에서는 '아이디어를 판매하는 법'에 대해 집중적으로 다룰 예정이다.

과거에 나는 주로 기업을 상대로 아이디어를 제안하고 판매했다. 지금은 기업보다는 개인에게 다양한 아이디어를 판매하고 있다. 그리고 뜻이 맞는 동료와 함께 아이디어를 판매하는 여러 법인을 설립해 운영하고 있다.

흔히 아이디어를 판다고 하면 일반적으로 특허등록을 선행조건으로 생각하는 경향이 크다. 나도 처음에는 그렇게 생각했지만 아이디어를 판매하는 과정에서 이런 생각은 가장 먼저 버려야 하는 나쁜 고정관념임을 알게 되었다.

다소 충격적으로 들릴지 모르겠지만 특허등록은 아이디어 판매와는 아무 상관이 없다. 오히려 아이디어 판매를 방해하는 요소로 작용한다. 이에 대해서는 본문에서 자세하게 설명하도록 한다. 이 밖에도 아이디어 판매를 방해하는 여러 고정관념이 있다. 이런 고정관념을 하나하나 걷어내고자 한다.

고정관념을 깨는 과정은 아마 독자에게 충격적이고, 고통스럽게 느껴질 것이다. 하지만 이런 과정을 겪은 후에야 비로소 아이디어 판매에 대한 진짜 알맹이가 무엇인지 알고, 그 오묘한 맛을 즐길 수 있다고 생각한다.

아이디어 발상에 관한 책은 많이 나와 있다. 하지만 아이디어 판매에 대한 책은 드물다. 내가 조사한 바로는 특허와 관계없이 아이디어를 파는 법에 대한 책은 전무했다. 아마도 이 책이 최초의 시도일 것이다.

또한 이 책은 '아이디어를 판매하는 법'에 대한 내 쓰라린 경험을 생생하게 담은 체험서이기도 하다. 상아탑에서 다른 사람의 사례를 분석한 학구적인 이론서가 아니라 '100퍼센트 내 경험을 토대로 한 주관적인 관점의 실전서'라고 할 수 있다. 이 점을 특별히 인지하고 책을 읽기 바란다.

내 실패 경험과 성공 경험을 골고루 담을 뿐만 아니라 중간중간에 아이디어 판매에 대한 내 나름의 결론을 명쾌하게 정리하려고 노력했다. 사람마다 아이디어 판매에 대한 관점과 스타일이 다를 것이다. 따라서 내 방법이 유일하거나 정석이라는 주장을 하고 싶지는 않다.

독자들은 내 사례와 주장을 참조해 자기만의 방법을 정립해가기 바란다. 그렇게 정립한 생각을 머릿속에만 보관하지 말고 반드시 실험을 통해 확인해보기 바란다. 나는 실험하는 것을 좋아한다. 직접 실험해본 것만이 몸에 녹아 효력을 발휘하기 때문이다.

아이디어로 자신과 세상을 바꾸고자 노력하는 청년들에게 내 이야기가 영감을 주고 미래로 향한 도전에 용기를 보태는 촉진제가 되기를 간절히 바란다.

2020년
대한민국의 어느 카페에서
최규철

목차

1장 / 나는 투자금 없이 아이디어만으로 돈을 번다

2장 / 아이디어를 돈으로 만들려면

3장 / 아이디어를 팔기 위해 가장 먼저 해야 할 일

4장 / 아이디어를 실전에서 파는 법

1장

나는 투자금 없이
아이디어만으로 돈을 번다

Think

나는 이렇게 아이디어맨이 되었다

나와 처음 만난 사람들은 내가 어떻게 책을 쓰게 되었고, 그럴 자격이 있는지 매우 궁금해한다. 나는 책과 동일한 제목의 강의도 진행하고 있다. 실제 강의에서도 내가 이런 강의를 할 자격이 있는지에 대해 의심하는 눈초리로 바라보는 수강자를 늘 만난다. 어떤 수강자는 내 이름을 보자마자 포털사이트에 검색해보기도 한다. 검색 결과를 보면 인물 코너에 동명이인이 여럿 있지만, 그중에 나는 없다. 블로그와 책 코너에도 동명이인이 등장하지만, 그중에 내가 누군지 알아보려면 쉽지 않다.

이런 강의를 하고, 책을 쓸 정도라면 꽤 유명한 사람일 것이라 기대하는 게 당연하다고 생각한다. 그런데 죄송하게도 나는 유명해지기 위해 노력하지 않았다. 오히려 덜 유명해지려고 노력했다. 이것은 내 성격 때문이다. 나는 그저 평범한 이웃집 아저씨 같은 소박한 삶을 추구한다.

대단한 아이디어 하나로 수백만 달러 또는 수천만 달러의 투자금을 받아낸 전설적인 사업가의 영웅적인 스토리를 우리는 언론과 책을 통해 익히 들어 알고 있다. 그들의 성공 스토리는 너무 유명하고 너무 위대하기에 우리의 현실과는 상관없는 딴 세상의 이야기로 비춰진다. 그런 스토리를 기대한 것이라면 내 강의에 오지 않았을 것이고, 이 책을 집어 들지도 않았을 것이다.

당신이 이 책을 집어 든 이유는 책을 쓴 저자가 유명하지 않기 때문이다. 유명하지 않은 저자가 말하는 거창하지 않은 내용이기에 한결 친숙하고 쉽게 받아들 수 있다고 생각했기 때문이다. 그러면 제대로 찾은 것이다.

나는 유명해지는 것보다 소박한 자유를 누리는 것이 더 좋다. 소박한 자유를 누리기 위해 아이디어를 연구하고 아이디어를 판매한다. 당신도 그리 유명해지는 것을 꿈꾸지 않는다면, 내가 도움을 줄 수 있다. 나와 함께 비교적 소박한 아이디어 세계로의 여행을 즐길 수 있을 것이다.

아이디어를 돈으로 만드는 법을 본격적으로 논의하기에 앞서 내가 아이디어를 연구하고 판매하는 사람이 된 계기에 대해 잠시 말해볼까 한다. 세상에는 수많은 상품과 아이템이 있다. 나는 그 많은 상품과 아이템 중에서 왜 하필 아이디어라는 것에 주목한 것일까?

나는 아주 외딴 시골에서 어린 시절을 보냈다. 가난한 농사꾼인 부모님의 일을 거들면서 자연 속에서 자유롭게 살았다. 세상 물정에는 관심이 없었고, 그런 걸 알려줄 사람도 없었다.

그러던 어느 날 갑자기 도시로 나와 대학이란 곳에 다니기 시작했다. 모든 것이 낯설고 생소했다. 새로운 사람과 새로운 문화가 쓰나미처럼 나를 덮쳤다. 나는 그 혼란의 늪에 빠져 허우적거릴 뿐이었다.

'나'는 누구이며, 또 '삶'은 무엇인지 혼란스럽기만 했다. 그런 상황에서 공부 따위는 관심사에 들어오지 못했다. 나는 불면증에 시달렸고, 가끔 철학 서적을 뒤적거리며 긴 정체성의 방황을 시작했다.

하루하루를 의미 없이 보냈다. 휴학과 복학을 반복하며 허송세월하고 있었다. 그때 친구들은 하나둘 졸업해서 취업을 하거나, 대학원에 진학해 희망찬 미래를 만들고 있었다. 나는 패배자가 되어 술과 향락에 빠져 뒷골목을 배회하고 있었다.

다 큰 녀석이 빈둥거리며 지냈다. 더 이상 부모님께 손을 벌릴 염치가 없어지자 취업이라도 해서 스스로 용돈을 마련해야겠다고 결심했다. 신문에 난 구인광고를 보고 작은 광고회사에 이력서를 넣었다. 나름 최선을 다해 준비하고 입사시험을 치렀지만 여지없이 미끄러지고 말았다. 당시엔 모든 일에 자신감이 없었다. 무엇 하나 잘한다는 소리를 들어본 적이 없었다. 성격은 너무 소심했고, 열등감이 뼛속까지 스며들어 있었다.

그렇다고 굶어 죽을 수는 없는 일. 나는 내가 면접을 본 광고회사 사장님께 밥값만 줘도 좋으니 청소라도 하게 해달라고 부탁했다. 청년백수의 간절한 부탁이 통했는지 나는 그 회사에서 최소한의 생계비를 받으며 잔심부름과 허드렛일을 할 수 있었다.

당시 광고회사에서는 대부분 해당 학과 출신의 전공자가 전공과 관련된 업무를 맡아 일하고 있었다. 경제학과나 경영학과를 나와 영업기획 일을 하는 직원들이 있었고, 국문학과를 비롯한 인문대를 나와 광고 문안을 만드는 카피라이터들이 있었고, 디자인학과를 나와 그래픽 업무를 하는 디자이너들이 있었다.

그들은 평소에는 업무별로 나뉘어 팀으로 일하다가 새로운 프로젝트가 생기면 각 전문가별로 모여 임시 팀을 꾸려 일했다. 나는 허드렛일을 하면서 틈나는 대로 회사가 돌아가는 상황을 흥미롭게 지켜보았다.

당시까지 나는 아이디어가 무엇인지도 몰랐고, 아이디어에 대한 관심도 없었다. 각자의 전문성을 가지고 다양한 아이디어를 내고 새로운 작품을 만들어내는 직원들을 그저 부러운 눈으로 바라볼 뿐이었다.

광고에 있어서 아이디어란 시작이자 끝이다. 아이디어로 고객을 찾고, 아이디어로 작품을 만들고, 아이디어로 평가를 받는다. 요리에 비교하자면, 아이디어는 요리에 쓰는 모든 재료이면서 동시에 요리 그 자체이기도 하다. 다양한 아이디어가 쌓여 점점 더 큰 아이디어가 되고, 마침내 완성된 하나의 아이디어가 된다.

나는 잔심부름도 하고, 복사도 하고, 커피도 타면서 선배들이 아이디어를 돈으로 만드는 과정을 세세하게 지켜보았다. 그리고 아이디어의 매력에 서서히 눈뜨기 시작했다.

그러던 어느 날이었다. 그날은 아침에 할 일이 별로 없었다. 멍하니 자리에 앉아 있는데, 칸막이 너머로 기획팀에서 새로운 프로젝트에 대해 회의하는 소리가 들렸다. 사장님도 회의에 참여하고 있었다. 나는 평소보다 길게 이어지는 회의를 엿들으며 무심코 백지에 뭔가를 끄적거렸다. 나도 모르게 집중을 한 까닭에 회의가 끝난 줄도 몰랐다.

그때 누군가가 "뭐 하고 있어?"라면서, 내가 끄적거리던 종이를 순식간에 낚아채갔다. 사장님이었다. 10분 후 사장님은 내가 쓴 메모를 사장실에서 들고 나와 다시 기획팀 회의를 소집했다. 그리고 그 자리에서 내가 쓴 메모를 공개하며 이번 프로젝트는 이 콘셉트로 가자고 발표했다.

내가 회의를 엿들으며 무심코 쓴 메모가 새 프로젝트의 핵심 콘셉트가 된 것이다. 어리둥절했다. 기획팀의 직원들도 마찬가지였다. 그리고 이상하게도 며칠 후 똑같은 상황이 한 번 더 벌어졌다.

이 일로 인해 기획팀의 직원들은 사장님께 불만을 제기했고, 그날 팀원 모두 사표를 제출했다. 다음 날 출근해서 보니 회사 분위기는 엉망이었다. 나는 곧 이 일의 근원이 바로 나임을 알게 되었다. 마음이 몹시 무겁고 두려웠다. 사장님도 몹시 당황한 눈치였다. 한창 진행되던 프로젝트가 날아가게 되었으니 그럴 만했다.

사장님은 나를 사장실로 불렀다. 그리고 충격적인 말을 건넸다. 이 일이 벌어진 것이 모두 나 때문이니 내가 모든 걸 책임져야 한다는 것이었다. 그때까지 나는 정사원도 아닌 한낱 잔심부름만 하는 임시직일 뿐이었다. 나는 메모를 끄적인 죄밖에 없었고, 사장님이 공개 석상에서 내 메모를 프로젝트의 콘셉트로 새로 정하자고 한 것이 문제의 발단이었다. 지금 생각하면 매우 화가 나는 일이지만 당시의 나는 어렸고 매우 소심했다.

어리석게도 나는 내 잘못임을 시인했다. 그리고 잘못을 보상하려면 어떻게 해야 하는지 물었다. 사장님은 기획팀이 진행하던 모든 프로젝트를 나 혼자 맡아 진행하라고 말했다. 이 무슨 청천벽력 같은 말인가? 나는 불가능하다고 말했지만 사장님은 내게 다른 방법으로라도 배상을 해야 한다고 말했다.

나는 너무 무서워서 알겠다고 말해버렸다. 지금 생각해보면 정말 무지한 행동이었다. 그 후 나는 한 팀이 준비하던 일을 혼자서 해내기 시작했다. 이 일을 배운 적이 없었고, 해본 적도 없었다. 밤잠을 설치면서 스스로 배우고, 스스로 부딪치면서 하나하나 실행해나갔다. 그 결과 팀이 하던 일을 아무것도 모르던 신출내기가 해냈다.

나는 6개월간 죽음을 무릅쓰는 기세로 아이디어와 혈투를 벌였다. 매일매일 마감과 싸우며 수많은 아이디어를 내고, 그 아이디어를 다듬고 엮어서 더 큰 아이디어를 만들었다. 그리고 마침내 지옥의 프로젝트를 모두 완수했다.

자신이 지시를 내렸지만, 반신반의하던 사장님도 온몸을 던져 프로젝트를 진행하는 나를 힘껏 응원해주었다. 처음에는 반강제로 이 프로젝트를 맡긴 사장님이 미웠다. 하지만 지금은 매우 감사하게 생각한다. 그분은 나조차도 모르고 있던 내 능력을 발견하고 두 번째 삶을 시작하게 해준 인생의 은인이다.

나는 그 일로 많은 것을 얻었다. 그중 한 가지는 불가능해 보이는 일도 된다고 믿고 밀어붙이다 보면 이뤄진다는 사실이다. 그리고 불가능해 보이는 일을 가능하게 만든 한 번의 경험이 앞으로 닥칠 모든 문제를 두렵지 않게 해준다는 사실도 알게 되었다. 그리고 내가 이 경험에서 발견한 가장 중요한 사실은 불가능을 가능으로 바꾸는 데 필수적으로 필요한 것이 아이디어임을 알게 되었다는 것이다.

아이디어는 단순히 기발한 생각이 아니다. 아이디어는 삶의 에너지이자 인류 문명의 근원이다.

이어지는 장에서 아이디어가 도대체 무엇인지에 대해 내 경험을 토대로 논의해볼까 한다.

아이디어의 또 다른 이름

광고회사에서 아이디어를 경험하기 전까지 내 머릿속에 있던 아이디어의 개념은 보통 사람과 다르지 않았다. 그저 '기발한 생각'이라는 데 머물러 있었다. 그리고 아이디어맨은 그런 기발한 생각을 특허로 만들어 새로운 상품을 개발하는 발명가 정도로 국한돼 있었다.

하지만 지금 나에게 아이디어란 불가능을 가능으로 만드는 '마법의 약'이다. 이 마법의 약으로 우리는 상상하는 모든 것을 만들어낼 수 있다. 신기한 물건, 새로운 정치제도, 감동적인 이야기도 만들 수 있다. 이 얼마나 놀라운 약인가? 이 마법의 약은 우리 생활 모든 곳에서 우리 삶을 떠받치고 삶의 매 순간을 윤택하게 만들어준다.

아이디어라는 마법의 약이 없었다면? 상상도 하기 싫은 끔찍한 일이다. 아이디어라는 마법의 약은 그 이름처럼 다양한 모습으로 변신할 줄도 안다. 아이디어라 불리는 마법의 약은 우리 생활에서 용기, 자유, 모험이라는 이름으로 숨어 있다. 나는 생활 곳곳에서 마법의 약을 발견하고 활용하기 시작했다.

아이디어는 용기다

나는 광고회사에서 아이디어가 무엇인지 어렴풋이 깨달았다. 그리고 아이디어가 용기라는 말의 다른 이름임을 알게 되었다.

광고회사에서 지옥의 프로젝트를 마치고 나는 한 단계 성장했고, 새로운 도전을 해보고 싶었다. 어느 날 신문에서 구인광고를 보았다. 한 경영컨설팅 회사에서 경영컨설턴트를 모집한다는 내용이었다. 지원 자격은 4년제 대졸 이상이었고, MBA 출신은 우대한다고 했다. 당시 나는 대학교 1학년 과정만 마친 휴학생 신분이어서 그 회사에 지원할 자격도 갖추지 못했다.

이전의 광고회사에는 지원도 하고 입사시험도 치를 수 있었지만 컨설팅 회사는 지원서도 접수할 수 없었다. 어찌 해야 할까? 누가 봐도 불가능한 상황이었다. 누가 봐도 불가능한 상황을 가능하게 만들어주는 것은 바로 마법의 약뿐이다. 나는 용기라는 이름으로 변신한 아이디어의 약을 마셨다. 그러자 신기하게도 방법이 떠올랐다.

나는 가까운 도서관에 틀어박혀 며칠에 걸쳐 자기소개서를 쓰기 시작했다. 나는 내가 생각하는 경영이 무엇인지, 컨설팅이 무엇인지 하나하나 정의해가며 읽기 쉽게 정리한 내용을 자기소개서에 담았다. 그리고 컨설팅을 왜 하려고 하는지, 왜 내가 할 수 있다고 생각하는지에 대해 논리적으로 서술했다. 내 자기소개서는 언뜻 보아도 다른 사람들의 것보다 많이 길었고, 많이 달랐다.

나는 여러 지인에게 자기소개서를 보여주며 피드백을 받았다. 그리고 그들이 모두 "나라면 합격시켜준다"고 할 때까지 내용을 수정하고 다듬었다.

그 후 나는 자기소개서를 책자로 제본해 지원하고자 하는 회사의 대표에게 등기 우편으로 보냈다. 며칠 후 인사 담당 임원으로부터 전화가 왔다. 그러고 나서 놀랍게도 그 회사에서 면접을 치르고 마침내 정사원으로 입사했다. 상식적으로 일어날 수 없는 일이 일어났다. 심지어 그 회사의 직원들은 내가 입사한 이야기를 듣고 모두 놀라워했다. 용기라는 이름으로 변신한 아이디어의 마법이 효력을 발하는 순간이었다.

나는 새로 들어간 회사에서 경영컨설팅을 배우며 6개월 정도 일했다. 아이디어의 힘은 내게 계속 용기를 주었다. 내 마음속에서 어느덧 공부에 대한 두려움이 사라졌다. 그래서 학교로 돌아갔다. 회색빛으로만 보였던 캠퍼스가 화사한 천연색으로 보였다.

나의 마음은 평온해졌다. 나는 후배들과 어울리며 즐겁게 학교생활을 시작했다.

두려운 일이 있을 때 누구든 아이디어의 힘을 빌려보라. 아이디어는 두려움을 해결하는 열쇠다. 아이디어는 두려움을 용기로 바꿔준다.

아이디어는 자유다

나는 4년 만에 학교로 복귀했다. 대부분 친구들은 졸업해 사회로 나갔고, 더러는 석사과정을 밟고 있거나 박사과정에 있었다. 나는 남들보다 늦게 전공 과정에 들어가야 했고, 따라가야 할 공부가 산적해 있었다. 언제 그 공부를 다 마치려나 생각하니 참으로 까마득했다. 예전 같으면 절망한 나머지 또다시 도망가고 말았을 것이다.

나는 최대한 빨리 학업을 마쳐 졸업을 하고 싶었다. 그리고 학교에 다니면서 공부에만 얽매이지 않고 내가 원하는 다양한 활동을 해보고 싶었다. 공부도 하고 여유도 누리는 것은 불가능한 욕심이었다. 하지만, 나는 가능하다고 생각했고, 다시 한번 아이디어로부터 힘을 빌리기로 했다. 그때 내게 필요한 것은 자유라는 이름의 아이디어였다.

나는 최대한 많은 학점을 신청했다. 동아리도 여러 군데 가입했다. 생활비를 마련하기 위해 아르바이트도 했다. 나는 그 과정에서 생활의 우선순위를 정했고, 복잡한 일을 단순화하는 방법을 찾아냈다.

꼭 필요하다고 여기는 과목은 열심히 공부했고, 중요성이 덜하다고 판단되는 과목은 낙제만 면하는 전략을 썼다. 무엇보다 형식만 추구하는 행동 패턴과 완전히 이별을 고했다.

교수님들은 두꺼운 책을 읽거나 연구한 결과를 리포트로 제출하는 과제를 자주 내준다. 그러면 학생들은 보통 내용을 장황하게 쓰고, 보기 좋은 형식으로 꾸미는 데 열중한다. 나도 처음엔 내용을 대충 짜깁기해서 멋지게 표지를 만든 두꺼운 리포트를 제출하려고 했다.

그러다 그런 일에 시간을 허비하는 내 자신이 너무 한심하다는 생각이 들었다. 교수님이 내 리포트를 읽을 리 없다는 생각도 들었다. 한마디로 나는 쓰레기를 생산하고 있었다. 내가 봐도 쓰레기인데 교수님이 어찌 그것을 모르겠는가? 곧바로 그동안의 쓸데없는 일을 집어치우기로 결심했다.

내 생각을 집어넣어 교수님이 읽을 만한 리포트를 만들자고 다짐했다. 그 방법을 찾기 위해 아이디어의 힘을 빌리기로 했다. 아이디어는 내게 아주 명쾌한 답을 주었다. 이후 나는 무조건 종이 한 장으로 리포트를 만들어 제출했다. 혹시라도 리포트가 원래 여러 장이었는데 떨어져나간 것은 아닌지 오해하는 교수님들을 대비해, 일부러 한 장의 리포트 말미에 '끝'이라는 단어를 써 넣었다. 내 리포트를 본 교수님들은 아마 당황해서라도 내용을 다시 한번 더 읽어볼 것이라고 생각했다.

리포트 분량은 짧디짧은 한 페이지였지만, 내용은 평범하게 쓰지 않았다. 모두가 쓸 것 같은 일반적인 내용은 다루지 않았다. 핵심 중의 핵심만 간결하게 요약한 후 일반적이지 않은 나만의 생각을 실었다.

그러자 과제에 쏟는 시간이 10분의 1로 줄어들었고, 과제를 하는 시간이 즐거워졌다. 그리고 항상 그런 것은 아니지만, 평가 점수도 이전보다 좋게 나왔다. 나는 그 경험을 통해 아이디어는 길게 설명할 필요가 없음을 깨달았다.

길게 설명해야 하는 아이디어는 다른 아이디어에 파묻혀 알아보지도 못한다. 아이디어는 간단해야 알아볼 수 있고, 그래야만 힘을 발휘할 수 있다. 그래서 아이디어는 시간을 줄여주는 마법의 약이다. 아이디어는 복잡한 것을 간단하게, 어려운 것을 쉽게 만들어준다.

그 후 나는 누구보다 많은 강의를 듣고, 누구보다 많은 활동을 했지만 누구보다 많은 여유를 누렸다. 한마디로 자유를 만끽하며 대학 생활을 하게 된 것이다.

복잡하거나 어려운 일이 있을 때 누구든 아이디어의 힘을 빌려보라. 아이디어는 복잡한 미로를 한번에 탈출하게 만들어주는 날개와 같다. 아이디어는 우리를 자유롭게 해준다.

아이디어는 모험이다

나는 자유라는 이름의 아이디어 약을 마시며 대학 생활을 마쳤지만 내 대학 생활은 위험하고 무모한 점이 많았다. 대부분의 학생들은 취업과 진학을 위해 공부를 했지만, 나는 취업과 진학에는 전혀 관심이 없었다. 나는 낙제만 면하는 전략으로 하고 싶은 공부와 취미생활에 몰두했다. 동아리를 만들어 이끌었고, 학내 정치 단체를 만들어 활동하기도 했다. 친구들과 지도 교수님이 졸업 이후의 진로에 대해 걱정을 했지만 나는 하나도 걱정이 되지 않았다. 왜 그랬을까?

그즈음 나는 아이디어의 새로운 모습을 한 가지 더 발견했기 때문이다. 그것은 모험이라고 부르는 새로운 마법의 약이었다. 아이디어는 내게서 두려움을 없애주었고, 나를 자유롭게 만들었다. 그리고 마침내 아이디어는 내가 정해진 뻔한 길로 가는 걸 재미없게 만들어버렸다.

소설, 영화, 드라마가 독자나 관객이 예상하는 대로 흘러간다면 흥미가 떨어지고, 나중에는 아무도 관심을 갖지 않을 것이다. 나는 삶도 마찬가지라는 생각이 들었다. 내 삶의 궤적이 가족과 친구들이 예상한 범위 안에서 흘러간다면 이는 너무 무료한 일이고, 진정한 자유인의 길이 아니라는 생각이 들었다. 나는 내 삶을 주변 사람이 예상 못 하는 흥미로운 드라마로 만들고 싶었다. 이것이 내가 죽는 순간 후회하지 않을 삶의 길임을 깨달았다.

나는 그 순간 모험이라는 이름으로 변한 마법의 약을 마셨다. 이후 나는 똑같은 방법으로 똑같은 일을 하는 것을 무엇보다 지루해하며 참지 못했다. 마음껏 불확실성을 즐기고 싶었다. 불확실성을 게임처럼 즐기는 것이 곧 모험이다. 인생을 즐거운 모험으로 만들려면 어떻게 해야 할까? 나는 타인의 예상을 깨주고, 가끔 무모하고 엉뚱한 일을 벌이며 사는 것이 그 해답이라고 생각했다.

나는 최악의 성적과 최악의 스펙에도 불구하고 원하는 기업에 들어가는 상상을 했다. 그것을 현실로 이루기 위해 무엇을 해야 하는지 생각했고, 그것을 실행해보기로 마음먹었다. 나는 졸업 직전 한 대기업에서 현장 실습을 했던 경험을 토대로 그 기업의 혁신 전략을 작성해 인사 담당 직원에게 제출했다. 누구도 상상하지 못한 방법으로 취업하고 앞으로 일어날 재미있는 일들을 상상하며 하루하루를 신나게 보냈다.

그리고 정확히 1년 6개월의 시간이 흐른 뒤, 놀라운 일이 벌어졌다. 그 회사의 대표님으로부터 점심을 같이하자는 연락을 받은 것이다. 대표님은 점심을 함께하면서 내가 제안한 프로젝트를 흥미롭게 검토했다고 했다. 그리고 이제 그 프로젝트를 추진할 만반의 준비가 갖추어졌으니, 내가 그 팀에 합류하는 일만 남았다고 말하셨다.

내가 상상한 일이 이루어지는 마법 같은 순간이었다. 비록 내가 기대했던 1년보다 6개월이나 더 걸렸지만, 결국 내가 바라던 마법 같은 일이 일어난 것이다. 나는 대표님의 제의를 받아들였다. 곧바로 내가 하던 일을 정리하고 팀에 합류해 내가 꿈꾸던 일을 나만의 방식으로 할 수 있는 행운을 마음껏 누렸다. 나는 정확히 3년간 그 기업에서 자유를 누리며 즐겁게 일했다. 그리고 30세가 되면 독립한다는 다음의 계획을 실행하기 위해 퇴사했다.

독립 이후에는 더욱 예측을 불허하는 롤러코스터 같은 삶이 기다리고 있었다. 천당과 지옥을 넘나드는 진짜 모험이 시작된 것이다. 다행히 나는 살아남았다. 그리고 지나온 삶을 후회하기보다 앞으로의 삶에 대한 희망으로 벅찬 하루하루를 살아가고 있다.

나는 하고 싶은 일이 있으면 기꺼이 몸을 던진다. 그리고 늘 현재를 즐긴다. 이 모든 것이 모험이라고 불리는 아이디어의 마법을 믿고 있기에 가능한 일이다.

이처럼 아이디어는 우리에게 낯선 길을 비춰주고 그리로 가보라고 말해준다. 그렇지만 아이디어는 우리에게 새로운 길만 안내하고 무책임하게 떠나버리지는 않는다.

아이디어는 낯선 길에 위험도 있지만 더 큰 즐거움이 있음을 알려준다. 그리고 그 위험이 있기에 즐거움은 더 커진다고 말해준다. 아이디어는 위험을 즐거움으로 바꾸는 행복한 기술이다.

일상이 지루하거나 재미가 없을 때 누구든 아이디어의 힘을 빌려보라. 아이디어는 우리를 어린아이로 만드는 놀이기구와 같다. 아이디어는 우리를 흥미로운 모험의 세계로 인도해준다.

아이디어는 돈이다

나는 오늘도 아이디어의 바다에 내 몸을 던져 아이디어의 마법을 즐기고 있다. 나는 결코 부지런한 사람이 아니다. 나는 매우 게으르며, 매우 비활동적인 사람이다. 시간이 나면 동네를 배회하고, 매일 카페에서 뒹굴면서 소일한다. 내 아내는 이런 나를 보며 늘 대책 없이 산다고 질책한다.

하지만 나는 불안하지 않다. 나는 아이디어의 바다에서 놀면서 아이디어를 돈으로 만드는 놀이를 즐기고 있기 때문이다. 아이디어가 돈이 된다는 믿음이 없다면 아이디어가 주는 용기, 자유, 모험의 가치가 빛을 잃을 것이다. 나는 아이디어야말로 돈의 원천이라고 생각한다. 하기야 돈이라는 것도 하나의 아이디어일 뿐이다. 나는 돈이 어떻게 탄생하게 되었는지 그 유래를 배운 기억이 난다.

아주 오랜 옛날에는 물건과 물건을 교환하는 물물교환이 거래의 모든 것이었다. 쌀을 가진 사람이 고기를 원하고, 고기를 가진 사람이 쌀을 원하면 거래가 이루어진다. 하지만 쌀을 가진 사람이 생선을 원하고, 고기를 가진 사람이 채소를 원하면 거래가 불가능했다. 이처럼 거래가 불가능한 경우가 훨씬 많았을 것이다. 사람들은 자신이 원하는 것을 얻기 위해 많은 사람을 만나야 했다. 어쩔 수 없이 시간은 오래 걸렸을 것이다. 그러면서 거래하고자 하는 물건을 썩히거나 잃어버리기도 했을 것이다.

이런 불편을 참다못한 누군가가 돈이라는 아이디어를 생각해냈다. 돈이라는 아이디어는 거래의 불편을 한번에 해결해버렸다. 완력이나 성실성으로는 절대 해결이 불가능한 일을 아이디어라 불리는 마법이 한번에 해결해버린 것이다.

정말 놀라운 일 아닌가? 어디 그뿐이겠는가? 바퀴가 그렇고, 문자가 그렇고, 전기가 그렇고, 인터넷이 그렇다. 단지 눈에 보이는 물건이나 시설뿐만이 아니다. 사회나 국가를 떠받치는 법과 제도도 아이디어의 다른 이름일 뿐이다. 모든 혁신은 아이디어라 불린 마법으로 이룬 것이다. 인류 문명의 역사는 한마디로 아이디어의 역사 그 이상도 그 이하도 아니다. 이 세상의 모든 과학과 기술, 모든 학문과 예술도 아이디어의 조합일 뿐이다.

나는 아이디어야말로 세상을 바꾸는 유일한 방법이고, 이 세상 모든 가치의 원천이라고 생각한다. 새로운 가치는 늘 새로운 아이디어에서 나온다. 그래서 아이디어를 창조하고 실현하는 사람이 경제의 중심에서 부를 누리는 것이 당연하다고 생각한다.

우리는 일상생활에서 늘 돈을 주고 아이디어를 구매한다. 아침마다 마시는 커피는 아주 작은 아이디어다. 우리가 타고 다니는 자동차는 수많은 아이디어가 조합된 거대한 아이디어 덩어리다. 여행 상품도 하나의 아이디어이고, 우리가 매일 사용하는 신용카드도 하나의 아이디어가 실현된 것이다.

우리가 즐겁게 듣는 음악도 아이디어이고, 아름답다고 감탄하는 미술 작품도 하나의 아이디어다. 크고 정교한 건축물은 수많은 아이디어의 복합체다. 우리가 읽는 책도 모두 아이디어이고, 상점에 전시된 다양한 상품도 아이디어다. 사실 우리가 돈을 주고 구매하는 모든 것은 아이디어라고 할 수 있다.

우리는 바야흐로 인간의 정체성을 다시 발견하는 기로에 서 있다고 생각한다. 사람과 기계는 어떻게 다른 걸까? 기계와 구별되는 사람만의 능력은 무엇일까? 평생직장이라는 개념이 사라졌고, 4차 산업혁명의 물결이 거세게 밀려오고 있다. 많은 사람들이 기계의 힘에 압도되어 미래를 불안해하고 있다.

미래의 불안을 떨쳐내는 근본적인 처방이 있다면 그것은 창조자로서의 인간의 본성을 다시 찾는 것이라고 생각한다. 인간의 본성은 상상하고 창조하는 것이다. 상상과 창조의 재료는 아이디어다. 아이디어의 가치를 알고 아이디어를 즐기는 사람은 미래를 불안해할 필요가 없다.

기계가 잘하는 일은 점점 기계에게 넘어갈 것이다. 우리는 인간이 잘하는 일에 더욱 열중하면 된다. 인간이 기계보다 더 잘하는 일은 아이디어를 찾고 그것을 구현하는 일이다.

아이디어는 창고 보관비용도 들지 않고, 물류비용도 들지 않는다. 반면에 아이디어의 파괴력은 한계가 없다. 아이디어야말로 과거나 지금은 물론 미래에도 최고의 부가가치 상품이다.

돈이 필요하다 생각하는 분들은 이제부터 아이디어를 찾아보라. 아이디어는 밑천 없이 돈을 만들어내는 마법의 항아리와 같다.

Idea

아이디어를 돈으로 만드는 사람

아이디어를 돈으로 만드는 사람들은 주변에 많다. 발명가와 사업가들은 모두 아이디어를 돈으로 만드는 사람이다. 작가와 예술가도 모두 아이디어를 돈으로 만드는 사람이다. 새로운 법과 제도를 만드는 사람도 아이디어를 돈으로 만드는 사람이다. 모든 요리사와 장인들도 아이디어를 돈으로 만드는 사람들이다. 창조와 혁신에 관련된 일을 하는 모든 사람들이 아이디어를 돈으로 만드는 사람들이다.

앞서 아이디어는 다양한 모습으로 존재한다고 이야기했다. 아이디어는 글 속에도 있고, 그림과 음악 안에도 있고, 여행이나 금융, 컨설팅 같은 무형의 상품 안에도 있고, 옷이나 전자제품처럼 손으로 만질 수 있는 상품 안에도 존재한다.

이렇게 보니 아이디어라는 개념이 너무 광대하게 느껴질 것이다. 이 개념으로는 우리가 이 책에서 원하는 실질적인 성과를 얻기 어렵다고 생각한다. 이제부터는 아이디어의 개념을 우리가 일상적으로 이해하는 좁은 의미로 국한시키겠다. 즉, '특별한 생각을 언어, 문자, 이미지, 소리, 기호로 표현한 기록' 정도로 아이디어를 정의하기로 한다.

나는 좁은 의미로서의 아이디어 판매상이다. 나는 일찍이 아이디어가 돈이 된다는 사실을 깨달았고, 아이디어 판매상이 되기 위한 방법을 추구해왔다. 하지만 길을 제대로 찾는 것은 쉽지 않다. 올바른 지도가 있을 거라 생각했지만 그런 지도를 찾기가 어려웠다.

솔직히 말하면 그래서 방황한 시간이 더 길었다. 나는 쉬기도 하고 좌절도 하고 또 희망을 발견하면서 스스로를 실험 삼아 하나하나 지도를 만들어갔다. 물론 여전히 부족하지만, 그 덕분에 어느 정도 지도가 맞춰졌다. 어느 순간부터 내 눈에는 섬광이 일며 자신감이 차오르기 시작했다. 참으로 다행이며 감사한 일이었다.

처음에 나는 외모도 생각도 행동도 모두 평범하기 짝이 없었다. 하지만 지금껏 아이디어 판매상이 되기 위해 수십 년을 방황한 결과 외모적으로는 여전히 평범하나, 생각과 행동 면에서는 놀랍도록 달라졌다.

수십 년을 방황했다니? 아이디어 판매상이 되고 싶은 독자들은 이 말에 다소 불안감과 절망감을 느낄 수도 있겠다는 생각이 든다. 하지만 걱정할 필요 없다. 나는 비록 수십 년을 방황했지만 당신은 내 방황을 디딤돌로 사용할 수 있다. 당신은 이제 혼자가 아니다. 내 방황을 딛고 힘차게 앞으로 전진하기 바란다.

내가 아이디어 판매상이 되기까지 겪은 모든 과정을 이렇게 글로 공개할 것이다. 독자들이 주의 깊게 이 내용을 읽고 흡수한다면 수십 년이 아니라 며칠 또는 불과 몇 시간만에 나와 대등하거나 나를 능가하는 아이디어 판매상이 될 수 있을 것이다.

나는 현재 뜻이 맞는 분과 함께 아이디어를 판매하는 연구와 실험을 진행하고 있다. 그분들이 내가 가장 가까이서 보는 아이디어 판매상이다. 나보다는 시작이 늦었다고 할 수 있지만 빠르게 성장하는 이들의 모습을 보고 있으면 나는 조만간 이 업계에서 존재감이 없는 퇴물이 되지 않을까 하는 두려운 마음이 들기도 한다.

나와 내 동료들이 운영하는 아이디어 판매 법인 몇 개를 간략하게 소개한다. 독자의 입장에서는 내 사업을 홍보하는 느낌이 들어 불편할 수 있겠지만, 그보다는 아이디어를 판매하는 여러 방법에 대한 유익한 정보로 봐주길 바란다. 그리고 여기에 제시된 비즈니스 모델을 적극 활용해 수익을 창출해보기 바란다.

먼저 무자본 창업 아이디어를 판매하는 '버터플라이인베스트먼트'가 있다. 버터플라이인베스트먼트는 소정의 비용을 결제한 고객에게 비교적 밝고 세련된 다양한 무자본 창업 아이디어와 관련 교육 패키지를 제공한다.

두 번째는 삶의 혁신 가치와 이를 활용한 환상적인 비즈니스 모델을 제공하는 '클라우드에어라인즈'가 있다. 클라우드에어라인즈는 과학적 통찰을 바탕으로 한 철학적 연구 보고서와 이를 토대로 만든 고효율 비즈니스 모델을 구름비행기 평생 멤버십 회원에게 정기 배송한다.

세 번째는 다양한 강의 아이디어를 파는 '스쿨몬스터'다. 스쿨몬스터는 누구나 즉시 강사가 될 수 있다는 확고한 믿음을 심어주고, 강사가 되고자 하는 분에게 강의 아이디어를 제공하며 강사로 데뷔시키는 서비스를 제공하고 있다.

네 번째, 하루만에 책을 쓸 수 있다는 확신과 함께 책쓰기 소재를 판매하는 '하루만에 책쓰는 사람들'이 있다. 하루만에 책쓰는 사람들이 제공하는 '하루만에 책쓰기' 강의에 오면 책 쓸거리가 없는 사람도 책 쓰기 소재를 제공받고 매주 정기적으로 진행하는 미션데 이를 통해 하루만에 작가가 될 수 있다.

다섯 번째, 전공과 관계없이 논문을 내고 싶어 하는 아마추어 학자들에게 흥미로운 연구 아이디어를 제공하고 자유롭게 쓴 논문을 모두 출판해주는, 호기심을 살리는 우리들의 대학교, '큐니버시티'가 있다.

여섯 번째, 단순하고 한심한 'C급 사업 아이디어'를 판매하는 '후크인터스텔라'가 있다. 후크인터스텔라는 사회에서 환영받지 못하는 비교적 소외된 분에게 다소 어둡고 반항적인 C급 사업 아이디어와 관련 인프라를 제공한다.

이 외에도 음반 아이디어, 여행 아이디어, 발명 아이디어 등을 판매하는 회사를 운영 중이거나 설립을 준비하고 있다.

나는 클라우드에어라인즈를 통해 아이디어 판매상이 되려는 사람과 함께 새로운 아이디어 판매 법인을 계속 설립하려고 한다.

당신은 내가 아이디어를 팔 수 있는 이유가 다음 중 무엇이라고 생각하는가?

1) 아이디어를 잘 생산하기 때문에
2) 아이디어를 잘 정리하기 때문에
3) 아이디어를 잘 설명하기 때문에

똑같은 질문을 강의에서 하면, 3번이라고 답하는 사람이 제일 많고, 다음으로 2번과 1번순이다. 결론부터 말하자면 세 가지 모두 아니다.

지금부터 본격적으로 아이디어 판매에 대한 오해를 하나하나 풀면서 아이디어 판매 방법에 대해 논하고자 한다.

01   콩나물도 모르면서 하루만에 작곡하기

스쿨몬스터에서 진행하는 강의에서 꿈 많은 청년을 만났다. 그 청년은 내게 자신도 강의를 해보고 싶다고 말했다. 나는 누구든 강의를 할 수 있으니 즉시 강의를 개설해 수강자를 모집해보라고 했다.

그러자 청년은 "저는 잘하는 게 없는데 강의를 할 수 있을까요?" 라고 말했다. 나는 그에게 "잘하는 것이 없으니 강의를 해야 합니다. 강의를 시작하면 누구든 그것을 최단 기간에 잘하게 되니까요" 라고 말했다.

나는 먼저 그에게 잘하고 싶은 것이 무엇인지 물었다. 그는 작곡에 관심이 생겼다고 하면서 작곡을 잘하고 싶다고 말했다. 그런데 음악에 문외한이라서 악보도 볼 줄 모르고, 악기도 다룰 줄 모른다고 말했다. 작곡을 하고 싶지만 너무 많은 것을 배워야 해서 무엇부터 시작해야 할지 모르겠다고 했다.

나는 오래전부터 가지고 있던 강의 아이디어 하나를 꺼냈다. 그 아이디어는 악보도 모르고 악기도 모르면서 작곡을 하게 돕는 강의였다.

사실은 나도 음악에 문외한이라 악보도 볼 줄 모르고, 악기를 다룰 줄도 모른다. 그러나 내가 다른 사람들과 다른 점이 있다면 악보와 악기를 알아야만 작곡을 할 수 있다는 고정관념이 없다는 점이다.

나는 중학교 1학년 때 딱 한 번 무작정 작곡에 도전해본 적이 있다. 어떤 드라마를 보았는데 악보와 악기를 모르는 사람이 작곡하고 유명해지는 장면이 있었다. 나는 그 장면을 보고 작곡에 도전해보았다. 초등학교 때 배운 아주 기본적인 음악 이론을 입으로 흥얼거리면서 가락과 리듬을 만들었다. 그 가락과 리듬을 계속 흥얼거리며 자연스럽게 다듬었다.

더 이상 수정할 점이 없다고 느꼈을 때 음악을 잘 아는 친구의 도움을 받아 악보로 그렸다. 그 악보를 음악 선생님께 보여드렸더니 작곡가의 자질이 있다고 칭찬해주셨다.

나는 이 에피소드를 청년에게 들려주면서 악보와 악기를 몰라도 작곡을 할 수 있게 도와주는 강의를 시작해보라고 말했다. 나는 음악을 잘 아는 친구의 도움을 받았지만 요즘은 작곡을 도와주는 스마트폰 앱이 있으니 누구라도 작곡이 가능하다고 말했다. 청년의 표정이 조금 밝아졌다가 이내 망설이는 것 같았다. 나는 그에게 이렇게 말했다.

"강의 제목은 '콩나물도 모르면서 하루만에 작곡하기'입니다.

2주일 후에 강의를 시작한다고 공지하고, 그 안에 기초적인 작곡 이론을 배워, 스마트폰 앱을 활용해 다섯 곡을 작곡하세요. 다섯 곡을 작곡하면 당신은 이 분야 전문가가 됩니다.

강의 참석자들에게 직접 작곡한 곡을 들려주면 아무도 당신에게 이의를 제기하지 않을 겁니다. 이 아이디어가 마음에 들면 110만 원을 결제하고 즉시 실행하면 됩니다. 만약 당신이 이 아이디어에 관심이 없다면 저는 다른 사람에게 아이디어를 팔 것입니다."

그는 그 자리에서 이 아이디어를 구매했다. 그는 다음 날 '콩나물도 모르면서 하루만에 작곡하기'란 제목의 강의를 2주일 후에 연다고 공지했다. 그리고 2주일 동안 기본적인 작곡 이론을 마스터하고 스마트폰 앱을 활용해 다섯 곡을 작곡했다.

드디어 2주일 후에 첫 강의가 열렸다. 그는 여러 곡을 작곡한 작곡가가 되어 있었고, 악보와 악기를 모르는 사람에게 작곡을 가르치는 전문가가 되었다. 그리고 곧 그의 작곡 강의는 스쿨몬스터 인기 강의가 되었다.

나는 어떻게 이 아이디어를 팔 수 있었을까?

특허를 가지고 있는 것도 아니다. 내가 그 분야의 전문가도 아니다. 나는 그저 그것이 가능하다고 확고하게 믿고 있었을 뿐이다.

내가 아는 지인 중에 사업을 크게 벌이다 실패한 분이 있다. 몇 년 동안 실패의 충격 때문에 외국에서 떠돌기도 했다. 귀국해서 새로운 일을 찾았지만 마음대로 되지 않았다. 취미라도 있으면 좋겠다고 생각해서 학창 시절에 좋아했던 연필그림을 시작했다고 한다.

그는 틈만 나면 연필그림을 그렸다. 직접 그린 연필그림을 블로그에 올리고 카페를 개설해서 매일 공개했다. 새로운 사람을 만나면 도화지를 꺼내 무료로 연필초상화를 그려주기도 했다. 그는 내가 좋아하고 존경하는 분이다. 그의 경제 사정이 어렵다는 것도 잘 알고 있었다. 나는 그가 좋아하는 일을 계속하면서 생활에도 도움이 되는 방법이 없는지 찾아보았다. 그러다 딱 생각난 아이디어가 있었다.

나는 그를 찾아가 '연필인물화 2시간만에 배우기'라는 강의 아이디어를 제안했다. 나의 말을 듣고 그의 첫 반응은 어땠을까? 누구나 예상하듯 "2시간만에 어떻게 연필인물화를 가르쳐?" 하는 반응이 나왔다.

어느 분야나 전문가가 되려면 최소 1만 시간 이상 피나는 훈련을 해야 한다는 생각이 지배하고 있기 때문이었다. 미술을 전공한 사람도 연필인물화를 제대로 그리기 어렵다는 생각이 일반적이고, 전문 학원에서 최소 6개월 내지 3년을 배워야 제대로 된 연필인물화를 그릴 수 있다는 것이 상식이었다. 그러나 무엇보다 전문가는 자신의 전문 기술을 아마추어가 쉽게 따라 하는 것을 좋아하지 않는다는 점이 문제였다.

나는 이 아이디어에 대한 반응을 미리 예상하고 있었다. 그리고 그에 대한 반박 논리도 미리 갖추고 있었다. 그의 지인들은 6~12개월 과정을 개설하는 것이 낫지 않느냐고 조언했다. 나는 그런 과정은 너무 일반적이어서 눈에 띄지 않는다고 말했다. 그리고 그런 일반적인 방법은 전적으로 선발 주자에게 유리해서 우리에겐 의미가 없다고 말했다.

나는 파격적이라야 눈에 띄고 마케팅하기 쉽다고 그를 설득했다. 나는 타협하지 않고 원래의 아이디어를 고집했다.

찾아보면 누구든 2시간만에 그럴듯하게 연필인물화를 그릴 수 있는 방법이 있을 거라고 말했고, 이것이 더 많은 사람이 연필인물화에 관심을 갖게 만드는 방법이라고 말했다. 한동안 경청하던 그는 나의 말에 동의하고 이 아이디어를 받아들였다. 며칠 후 그는 누구든 2시간만에 그럴듯하게 연필인물화를 그리는 방법을 고안해냈고, 실험으로 검증했다.

이 강의는 열자마자 인기를 끌었다. 매주 강의가 열렸고, 관공서와 대학교 등 기관들의 출강 요청도 이어졌다. 이후 그는 TV 출연도 여러 번 했다. 또 책을 몇 권 출판했고, 우리나라 최고의 연필인물화 장인이 되어 연필인물화의 즐거움을 세상에 전파하고 있다. 그는 이 아이디어의 대가로 5년 동안 매출의 30퍼센트를 내게 제공해주었다.

나는 어떻게 이 아이디어를 팔 수 있었을까?

나는 미술 전문가는 아니었지만 전문가도 예상하지 못한 아이디어를 생각해냈다. 그리고 전문가를 설득해 그것을 실행하게 만들었다. 그는 내가 보여준 확신을 사서 자기 것으로 만들었고, 그대로 실천했다.

03 스펙 없이 취업하기

어떤 모임에서 예사롭지 않은 청년을 만났다. 그 청년은 내 옆에 앉아 창업 관련 질문을 계속해댔다.

나는 그에게 질문이 그렇게 많다면 버터플라이인베스트먼트 창업자 멤버십에 가입하는 것이 좋겠다고 말했다. 그런데 그는 사업 아이템이 정해졌고 이미 사업을 진행 중이기에 가입할 필요를 느끼지 못한다고 대답했다.

나는 그에게 무슨 사업을 준비하느냐고 물었다. 그는 취업 컨설팅 사업을 진행 중이라고 했다. 내가 그에게 취업 컨설팅에 대해 좋은 아이디어가 있다고 말하자 그가 도리어 내게 어떤 아이디어냐고 물었다.

나는 그에게 내 아이디어에 관해 상세히 말해주었다. 스펙을 쌓지 않아도 원하는 기업에 취업을 시켜주는 아이디어였다. 나는 그에게 '스펙 없이 취업하기'에 관한 내 경험을 들려주었다.

나는 다섯 군데 직장에 취업한 경험이 있다. 그러나 한 번도 공채에 합격한 적이 없었다. 다행스럽게도 엉뚱한 방법으로 취업에 성공한 것이다. 어떤 회사는 떼를 써서 취업했고, 어떤 회사는 아이디어 제안을 해서 취업했고, 어떤 회사는 지원 자격도 없이 특별한 자기소개서를 제출해서 취업했다.

취업이 어려운 시대, 많은 청년들이 비슷비슷한 스펙을 쌓기 위해 무한 경쟁을 펼치고 있다. 나는 청년에게 내 경험을 말해주면서 일률적인 스펙 쌓기에서 벗어나 독창적인 방법으로도 얼마든지 취업할 수 있다고 말해주었다. 청년의 표정을 보니 내 말에 수긍하는 것 같았다. 나는 그에게 천편일률적인 취업 컨설팅 업계에서 유일하게 색다른 취업 컨설팅 사업을 시작해보라고 말했다.

내가 확신하는 만큼 당신도 확신한다면 반드시 사업은 성공할 거라고 말했다. 그는 내 말에 동의하는 듯 고개를 끄덕였다. 나는 만약 그 사업을 하기로 결심했다면 그 자리에서 아이디어를 구매하고 즉시 사업을 시작하라고 말했다. 그는 버터플라이인베스트먼트 멤버십에 합류하는 방식으로 아이디어 값을 지불했다.

이후 그는 좌충우돌하며 사업을 시작했다. 다양한 우여곡절을 겪으며 성공 사례를 만들어갔고, 지금은 스펙 없이 취업하기 분야의 최고 전문가가 되어 성공가도를 달리고 있다.

나는 어떻게 이 아이디어를 팔 수 있었을까? 내가 그 사업이 가능하다고 확실하게 믿고 있었기 때문이다.

청년은 내 믿음에 대한 대가를 지불하고 그 믿음을 자신의 것으로 만들었다.

아이디어를
돈으로 만들려면

Think

Idea

아이디어의 가치를
아는 것이 먼저다

2011년, 아이폰이 한국에 상륙해 돌풍을 일으키면서 모든 사람들이 스마트폰에 빠져들고 있을 무렵이었다. 나는 그때 지방의 작은 도시에서 초등학생과 중학생을 대상으로 하는 학원을 운영하고 있었다. 아이들과 함께 수학을 공부하는 게 나쁘지는 않았지만, 빠르게 변화하는 세상에서 소외되고 있다는 생각도 들었다. 나는 교육과 모바일을 결합한 새로운 사업을 시작하기로 마음먹고 관련 아이디어를 찾았다. 그러던 중 SNS로 사람들을 모아 소셜 강의를 여는 사업 아이디어를 생각해냈다. 지금 내가 운영하는 스쿨몬스터의 시작이었다.

나는 스쿨몬스터 아이디어를 두 개의 기업에 제안해 5천만 원을 투자받았다. 무자본 창업가가 투자를 받다니? 이상한 일이 아닌가. 내가 5천만 원을 투자받은 이유는 그때까지만 해도 법인 설립에 최소 5천만 원이 필요하다고 알고 있었기 때문이다. 당시 나는 완전한 무자본 창업가가 아니었다.

스쿨몬스터를 설립하고 두어 달 뒤, 외국에서 살다 귀국한 후배를 만났다. 그는 레고랜드가 한국에 설립될 것이라는 뉴스를 내게 전했고, 레고와 관련된 회사를 함께 설립하자고 내게 제안했다. 그는 누구보다 아이디어가 많고 열정적인 청년이었기에 나는 흔쾌히 그의 청에 응했다. 그런데 한편으로 나는 수천만 원이라는 자본금 마련 때문에 부담이 되어 시간이 다소 필요하다고 말했다. 그러자 그는 대뜸 최소 자본금이 있어야 한다는 법 규정이 사라졌기에 자본금은 필요가 없다고 일러주었다.

나는 그때 그 사실을 처음 알았고, 적잖이 놀랐다. 예전에 누군가로부터 일본에는 최소 자본금 규정이 없어서 창업이 쉽다는 말을 듣고 부러워했던 기억이 있었는데, 이제 우리나라도 그 규정이 사라졌다니 너무 기쁜 소식이었다.

그런데 최소 자본 규정이 사라졌다 해도 법인 설립에는 비용이 들어갔다. 법인 설립을 도와주는 법무사 비용과 오피스 임차료, 초기 운영비 등 부대비용이 천만 원 정도는 들지 않느냐고 물었다. 그러자 그는 법인 설립은 스스로 하면 되고, 사무실은 내가 지금 운영하는 학원으로 대신하면 되니까 비용으로는 세금 외에는 들 것이 없다고 했다.

실로 엄청난 뉴스였다. 창업을 많이 하는 내게는 마치 복권 당첨 같은 빅 뉴스였다. 나는 그의 말이 믿기지 않았지만 지금껏 그런 방법으로 수차례 법인을 설립했다고 하기에 믿지 않을 수 없었다.

우리는 상의 끝에 각자 50만 원씩 출자한 자본금 100만 원으로 법무사도 거치지 않고 직접 관공서를 드나들며 법인을 설립했다. 법인 설립 후에 보니 자본금 100만 원도 대부분 통장에 남아 있었다.

나는 법인을 스스로 설립하는 경험을 하고서 너무 기뻐 흥분을 감추지 못했다. 이전에도 스무 번 정도 창업을 하면서 대부분 최소 자금 5천만 원을 마련했던 터라, 돈이 들지 않는 창업 방식이 획기적이라고 생각했다. 무자본 창업의 가능성이 처음으로 내 머리에 각인된 결정적 순간이었다.

나는 그 자리에서 후배에게 무자본 창업 시스템을 전파하는 사업을 시작하자고 제안했다. 예비 창업자들에게 이 방법을 알려주고, 멋진 창업 아이템까지 추천해준다면 열렬한 환영을 받을 것이고, 사회와 국가적으로도 환영받는 멋진 사업이 될 거라고 말했다. 그리고 둘이서 함께 이 사업을 진행하자고 제안했다. 이것이 바로 지금 내가 운영하는 버터플라이인베스트먼트의 기본 개념이다.

그런데 그의 대답은 의외로 냉담했다. 그는 "돈 없이 창업하는 이 방법은 이미 공개되어 있고 모든 사람이 압니다. 또 사람들은 아이디어라는 무형의 가치에 돈을 내지 않을 거예요"라고 말했다. 본인이라도 그런 곳에 절대 돈을 쓰지 않을 거라고 말하면서 내 제안을 단칼에 거절했다.

나는 후배의 입장을 이해할 수 없었다. 엄청난 정보를 갖고 있고, 그것을 자신의 비즈니스 일상에 이미 활용하고 있으면서도 그 가치를 모르는 후배가 나로선 참으로 안타까웠다. 그는 정보에 있어서 누구보다 앞서는 편이었다. 반면 나는 비교적 정보에 뒤처지는 편이었다. 누구보다 빨리 정보를 입수하고, 누구보다 빨리 행동해 결실을 거두는 그를 보아왔는데, 이번에 그는 예전과는 다른 반응을 보였다.

나는 나 자신에게 이 서비스가 필요한지 물어보았다. 그러자 내 안의 목소리가 나에게 "100만 원은 물론이고, 천만 원도 기꺼이 쓸 수 있다"라는 대답을 주었다. 다시 한번 후배를 설득해보았지만 그의 마음은 변하지 않았다. 반대로 내 마음은 기대와 흥분으로 점점 뜨거워지고 있었다.

나는 후배와 같이하기로 한 레고사업보다 후배가 거절한 이 사업에 더 큰 관심이 생겼다. 하루라도 빨리 이 사업을 진행하지 않고는 못 견딜 지경이었다. 나는 즉시 이 사업을 같이할 사람을 찾기 위해 스쿨몬스터 안에서 '해적들의 창업이야기'라는 제목으로 강의를 시작했다.

'해적들의 창업이야기' 강의는 무자본 창업의 가치와 가능성을 알려주는 강의였다. 처음에는 자본에 의지해 실패한 내 경험을 소개하는 것이 주 내용이었다. 나중에는 무자본 창업의 사례를 하나씩 추가하며 강의를 이끌었다. 누구나 다 아는 다단계가 아닐까 의심하면서 찾아온 분 중에서 이 강의에 완전히 매료된 사람이 나타나기 시작했다.

소수의 인원이지만 사람들이 꾸준하게 강의에 찾아왔다. 나는 매주 모든 수강자들에게 내가 구상한 무자본 창업프로그램을 전파하는 사업을 공개하고 함께할 사람을 찾는다고 말했다. 대부분 흥미롭다고 말은 했지만, 반신반의하는 눈치였다. 다섯 사람 정도가 사업에 관심을 표명했지만 그마저도 적극적으로 나서는 사람은 없었다. 강의를 시작한 지 거의 3년이 되어갈 무렵, 드디어 나처럼 이 아이디어에 확신을 가진 사람을 만났다.

그가 바로 무자본 창업의 대명사가 된 신태순 대표다. 나는 그와 함께 세계 최초 무자본 창업투자회사인 버터플라이인베스트먼트를 창업했다. 버터플라이인베스트먼트는 이후 여러 가지 시행착오를 겪으며 창업의 새로운 패러다임을 만들고 있다. 버터플라이인베스트먼트는 무자본 창업 아이디어를 판매하는 회사이기도 하다. 버터플라이인베스트먼트는 아이디어를 팔아 세상에 긍정적인 영향을 미치면서 조금씩 성장하고 있다.

버터플라이인베스트먼트의 원천 아이디어는 원래 내가 생각해 낸 것이 아니다. 내 오랜 지인이자 후배가 아이디어를 내게 무심코 제공했다. 하지만 안타깝게도 그는 이 아이디어의 가치를 알아차리지 못했다. 그 가치를 알아본 사람은 나였다. 내겐 정말 다행스러운 일이었다.

후배가 버린 것은 사실 황금알을 낳는 거위였다. 나는 이 아이디어의 가치를 알아보았고, 이 아이디어를 신태순 대표에게 아주 비싼 값에 판 셈이다.

세계 최초, 세계 유일 무자본 창업투자회사인 버터플라이인베스트의 현재와 미래 가치는 얼마일까? 내 후배는 얼마의 가치를 걸어찬 것일까? 우리는 버터플라이인베스트먼트의 창업 비화로부터 다음의 사실을 분명히 알 수 있다.

아이디어를 돈으로 만드는 진짜 주인은 아이디어를 낸 사람이 아니라 그 아이디어와 가치를 제대로 아는 사람이다.

아이디어의 가치를 아는 것이 얼마나 중요한지에 대해 내가 경험한 사례를 하나 더 소개한다. 나는 서울에서 야심차게 시작한 벤처사업이 망하고 나서 지방의 작은 학원에 취업해 아이들에게 수학을 가르치고 있었다.

나는 수학을 전공하지는 않았다. 그 대신 가장 좋아하는 과목이 수학이었던 만큼 아이들과 함께 수학을 공부한다는 것이 즐거운 경험이었다. 하지만 대부분의 아이들은 수학을 가장 싫어했고, 심지어 그중 상당수는 공포심까지 갖고 있었다.

아이들이 중학교에 진학하면서부터 수학을 포기하는 수포자가 나타나기 시작한다. 나는 학원에서 아이들에게 수학을 가르치면서 이런 현상을 피부로 접하게 되었고, 이를 해결할 대안을 찾기 위해 골몰했다. 어떻게 하면 아이들이 수학을 게임처럼 즐길 수 있을지

고민하던 나는 매주 현상금을 걸어 아이들이 수학문제를 풀게 하는 이벤트를 시작했다.

매주 학원 게시판에 중학생들이 풀기에는 비교적 어려운 수학 문제를 붙여두고, 가장 쉬운 풀이를 써오는 학생에게 상품권을 주는 이벤트를 실시했다. 그런데 이상하게도 중학생 참여자는 별로 없었고, 초등학생들이 더 적극적인 관심을 보였다.

나는 초등학생들이 중학교 수학을 배우지 않았으므로 문제를 푸는 것이 불가능하다고 생각했다. 그런데 초등학생들은 작은 선물에 매우 관심을 가졌고, 기를 쓰고 문제에 매달리더니, 희한한 방법으로 해결한 풀이를 제출하기 시작했다. 그중에는 논리가 엉성한 풀이도 있었지만 예상 외로 논리가 확실한 풀이도 있었다. 이벤트는 1년간 계속되었다.

중학생들은 여전히 관심을 가지지 않았다. 중학생들은 수학에 대한 관심이 없을 뿐만 아니라 선물에도 흥미가 없었다. 반면 초등학생들은 비교적 수학에 대한 열정이 살아 있었다. 그들은 점점 생각하는 재미에 빠져들었고, 점점 더 놀라운 풀이를 제출하기 시작했다.

그때부터 나와 초등학생들의 생각 게임이 본격적으로 시작되었다. 나는 점점 더 난해한 문제를 내기 시작했다. 그중에는 나도 풀지 못하는 문제도 있었다. 그런데 참으로 놀라운 일이 일어났다. 초등학생들은 내가 내는 모든 문제를 풀어냈다. 그리고 그 풀이는 내 상상을 벗어나는 창의적 방식이 대부분이었다.

나는 중학교 수학을 배우지 않은 초등학생들이 중학교 수학 문제를 창의적으로 풀어내는 모습을 보면서 수학에 대한 고정관념이 완전히 깨졌다. 인간의 잠재력에 대한 시각도 180도 달라졌다.

나는 아이들이 모두 천재라는 믿음을 갖게 되었다. 그리고 수학은 공식을 암기해서 정해진 방법으로 푸는 것이 아니라 상상력을 발휘해서 놀이처럼 도전해 이루는 즐거운 게임임을 깨달았다. 초등학생들이 이 모든 가르침을 내게 주었다. 그리고 이것은 참으로 멋진 아이디어였다. 나는 이 아이디어에 엄청난 가치가 있음을 알고, 이를 돈으로 만들기 위해 즉시 행동을 시작했다.

나는 근무하던 학원을 나와 새로운 콘셉트의 학원을 차렸다. 모든 아이들이 천재라는 믿음을 토대로 게임처럼 수학을 가지고 노는 학원을 시작했다. 내 아이디어에 공감하는 학생과 학부모가 하나둘 모이기 시작했다. 그리고 점점 수가 늘어났다. 다른 지역에서 내 아이디어를 사겠다는 분도 나타났다. 나는 내 아이디어를 팔아 기대 이상의 수익을 올렸다. 나는 이 아이디어를 책에 담아 팔기 시작했다. 현재 나는 학원을 운영하지는 않지만 내 아이디어를 더 많은 사람들에게 팔기 위해 '생각게임주식회사'를 설립했다.

아이들에게서 놀라운 잠재력을 발견한 사람이 내가 처음일 리는 없다. 지금까지 숱하게 많은 사람들이 나와 같은 경험을 했을 것이다. 그런데 지금까지 나와 같은 콘텐츠를 생산해 사업화한 사람이 없다는 것이 참으로 이상한 일이다. 왜 그런 걸까? 그것은 사람들에게 아이디어를 보는 눈이 없기 때문이다.

아이디어는 우리의 생활과 경험 속에 무수히 존재한다. 하지만 모든 아이디어는 진흙을 덮어쓰고 있다. 아이디어를 돈으로 만드는 진짜 주인은 진흙을 걷어내고 아이디어의 숨은 가치를 발견하는 사람이다. 사람들은 매일 숱한 아이디어를 마주치지만, 그것이 아이디어인 줄 모르고 지나간다. 하지만 아이디어를 볼 줄 아는 사람에게는 모든 것이 아이디어다.

나는 아이디어 발상에 관해 질문하는 분들에게 그 비결은 "아이디어의 바다에 빠져 있기 때문이다"라는 표현을 종종 쓴다. 나는 내가 보고, 듣고, 느끼는 모든 것이 아이디어라고 생각한다. 그리고 모든 아이디어는 큰 가치가 있고 반드시 돈으로 바꿀 수 있다고 믿는다. 이러한 마인드가 바로 아이디어 판매상이 되는 첫 출발점이다.

아이디어는 복잡한 것이고, 노력을 통해 얻는 것이라고 믿는다면 매순간 아이디어를 발견하는 것이 불가능하다. 아이디어는 생각보다 간단한 것이고 그냥 널려 있는 것이다. 아이디어를 발견하는 데 노력과 땀은 필요하지 않다. 그저 아이처럼 세상을 신기하게 바라보는 동심이면 충분하다.

아이를 키워본 부모님들은 알고 있다. 아이들은 한시도 가만히 있지 못한다. 눈은 끊임없이 주위를 관찰하고, 생각은 온 세상을 돌아다닌다. 끊임없이 새로운 착상을 해낸다. 새로운 착상을 실험해보기 위해 손발을 쉴 새 없이 움직인다.

아이들에게 최고의 고통은 지루함이다. 아이들에게 가만히 있으라는 것은 가장 어려운 행동이다. 아이들은 어른의 말은 듣지 않는다. 어른들이 하지 말라는 일일수록 더 호기심을 갖고 기어이 하려고 덤벼든다.

아이디어의 바다에 빠진 사람들은 마치 어린아이와 같다. 그들은 지루할 틈이 없다. 그들에게는 아무것도 하지 않는 것이 고통이다. 그들은 매 순간 새로운 아이디어를 발견하고, 그것을 이루기 위해 심장이 뜨겁게 뛴다.

당신은 아이인가, 어른인가? 어른들은 모든 것에 익숙해져버렸다. 어른들에게 신기한 것은 없다. 재미있는 것도 없고 바꾸고 싶은 것도 없다. 아이디어를 발견하고, 아이디어의 가치를 알아보기 위해서는 어린아이로 돌아가야 한다.

아이디어를 돈으로 만드는 사람은 아이처럼 아이디어의 바다에 빠져서 매 순간 아이디어의 숨은 가치를 발견한다.

Idea

일상에서 스치는 영감을
놓치지 마라

빌 게이츠가 곧 다가올 PC의 시대를 예감하고 하버드대학교를 자퇴한 이야기는 유명하다. 빌 게이츠는 창업하기 전, 주로 기숙사 친구들과 사업을 논의하고 그 안에서 동업자를 찾았다.

빌 게이츠는 자신이 아는 가장 똑똑한 친구에게 확신에 차서 자신의 아이디어를 설명했다. 그리고 그에게 학교를 그만두고 함께 창업을 하자고 제안했다. 그는 빌 게이츠의 제안을 거절하며 이렇게 말했다고 한다.

"난 공부를 마친 후 나중에 할래!"

그러나 빌 게이츠에게 나중은 없었다. 지금이 아니면 아이디어가 지나가버린다고 생각했고, 기회도 사라져버린다고 믿었다. 결국 빌 게이츠는 그가 걷어찬 기회를 다른 친구에게 선물했다.

빌 게이츠의 제안을 거절했던 친구가 후회를 했는지 안 했는지는 모르겠지만 그는 기회를 보는 눈이 없었고, 아이디어의 가치를 알아차리지 못했다.

내가 만약 빌 게이츠의 친구였다면 어땠을까? 당신이 만약 그때 빌 게이츠의 제안을 받은 친구였다면 어떤 결정을 했겠는가?

우리는 애플의 창업자로 스티브 잡스와 스티브 워즈니악 두 사람을 기억하지만, 원래 애플은 공동 창업자가 세 사람이었다. 나머지 한 명의 공동 창업자는 함께 일하는 두 명의 스티브가 시대의 천재임을 알지 못하고 불신했다고 한다. 그는 종잡을 수 없는 두 명의 스티브를 보며 아마 이렇게 생각했을 것이다.

"이런 대책 없는 놈들과 사업을 같이 한다니!"

애플의 세 번째 공동 창업자는 두 명의 스티브가 얼마나 특별한 사람들인지 알아보지 못했다. 애플의 미래에서 비전을 보지 못했다. 그래서 불과 일주일 만에 자신이 가지고 있던 애플 주식을 헐값에 양도하고 애플을 떠나버렸다.

애플의 세 번째 공동 창업자가 애플을 떠나고서 후회를 했는지 안 했는지는 모르겠지만, 그는 순간의 판단 실수로 일생일대의 거대한 기회를 잃어버리고 말았다.

내가 만약 애플의 세 번째 공동 창업자였다면 어땠을까? 당신이 만약 그 당시 애플의 세 번째 공동 창업자였다면 어떤 결정을 했겠는가?

내 질문이 너무 비현실적이라고 말하는 독자들도 있을 것이다. 또 남의 일이라고 웃어넘기는 독자들도 있을 것이다.

"하하, 내겐 그런 아이디어를 제안하는 친구가 없어요!"

나는 이런 생각이 정말 잘못된 생각임을 단언할 수 있다.

멋진 아이디어는 세상에 널려 있고, 지금도 수많은 기회들이 바람처럼 우리 곁을 스쳐 지나가고 있다. 그런 아이디어와 그런 기회를 잡지 못하는 것은 순전히 우리에게 아이디어의 가치를 알아보는 눈이 없기 때문이다.

나는 매일 스치는 아이디어를 잡기 위해 나의 머리를 열어둔다. 머리를 열어둔다는 의미는 무엇일까? 이것은 내가 갖고 있는 상식이나 생각을 모두 쓰레기라고 가정하고, 언제든 기존의 상식과 생각을 버릴 준비가 되어 있다는 것을 의미한다.

지식인은 이미 쌓은 지식을 자랑스러워하면서 거기다 새로운 지식을 계속 보태지만, 아이디어맨은 이미 가진 낡은 생각을 부끄러워하면서 가차 없이 계속 버리는 사람이다. 아이디어맨은 머리를 비움으로써 새로운 생각을 받아들이고 다시 흘려보내는 사람이다.

나는 아이디어 관련 강의를 하면서 "생각의 쓰레기를 버리세요"라는 표현을 자주 쓴다. 아이디어는 생각의 보물이다. 진흙 속의 진주는 진흙을 걷어내야 보이듯이, 아이디어의 보물은 생각의 쓰레기를 버려야만 보인다.

무엇이 생각의 쓰레기일까? 나는 자신이 가진 오래된 생각이나 대중들과 똑같은 일반적인 관념이 '생각의 쓰레기'라고 정의한다.

나는 책을 읽거나 강의를 듣거나 사색을 하면서 생각의 쓰레기를 하나하나 버린다. 그렇게 버린 쓰레기를 항상 소지하고 다니는 휴대전화 메모장에 기록한다.

생각의 쓰레기를 하나 버리면 자연스레 그 자리에 맑고 새로운 생각이 들어오기 시작하는데, 이것이 바로 아이디어다. 나는 이 아이디어들도 휴대전화 메모장에 수시로 기록한다.

아이디어를 메모하는 법은 특별하지 않다. 각자 좋아하는 스타일로 하면 된다. 수첩과 펜으로 기록해도 좋고, 일정 관리 전문 플래너를 사용해도 좋다.

나는 수첩을 자주 잃어버리는 편이고, 전문 플래너는 형식이 정해져 있고 무겁기도 해서 잘 사용하지 않는다. 나는 늘 가지고 다니는 휴대전화에 메모하는 것이 제일 편하다.

요즘은 휴대전화에 클라우드 기능이 있어서 다른 장비에서도 열어볼 수 있으니 더 편리하다. 어떤 분은 에버노트 같은 앱을 추천하기도 한다.

아이디어를 발전시키기 위해서는 생각을 비우는 일을 두려워해서는 안 된다. 이때에는 메모하는 습관이 큰 도움이 된다. 수첩이나 플래너 등 각자에게 편리하고 알맞은 도구를 활용해 정리해보기를 권한다.

아이디어의 가치를 알기 위해서는 생각의 쓰레기를 버리면서 시대의 흐름에 관심을 가져야 하고, 성공할 사람에 대한 기본적인 통찰을 갖고 있어야 한다. 그러면 무엇이 아이디어인지, 누가 세상을 바꿀 인물인지 감을 잡을 수 있다. 그 감으로 아이디어를 사거나 팔 수 있고, 그 사람과 동업할 수도 있고, 그 사람이 창업한 기업의 주식을 살 수도 있다.

멋진 아이디어와 좋은 기회는 일상적으로 듣는 뉴스에서, 일상적으로 나누는 동료와의 대화에서 늘 하찮은 모습으로 존재한다. 우리가 느끼지 못하지만 우리는 매일 수십 명의 사람들에게서 멋진 아이디어를 공짜로 제안받고 있는 셈이다.

우리가 늘 보고 있어도 구름에 관심이 없으면 구름이 보이지 않고, 나무에 관심이 없으면 나무가 보이지 않는 이치와 같이 아이디어에 관심이 없으면 아이디어가 눈앞에 있어도 보이지 않는다.

아이디어를 판매하려면 아이디어의 가치를 볼 수 있어야 한다. 아이디어의 가치를 보려면 다음의 사실을 분명히 기억해야 한다.

아이디어를 돈으로 만드는 아이디어의 진짜 주인은 일상에서 스치는 하찮은 것들을 하찮게 보지 않는 사람이다.

아이디어는 결코 특별한 것이 아니다. 아이디어는 우리의 일상에서 공기와 물처럼 함께하고 있다.

내가 수학학원을 운영할 때 있었던 일이다. 우리 학원은 보통 일주일에 한 번만 등원하는 방식으로 운영되었다. 학원 수업을 마치고 학생들이 집에 가서 궁금한 것이 있으면 다음 주 수업에 와서 질문하는 것이 관례였다. 그런데 한번은 다음 수업까지 기다리는 것을 힘들어하는 학생이 나타났다.

어느 날 그 학생이 학원으로 전화를 해서 수학문제를 물어보았다. 나는 친절하게 풀이를 알려주었다. 며칠 후 그 학생이 또 전화로 질문을 했다. 나는 역시 친절하게 풀이를 해주었다. 그런데 그 학생이 재미를 붙였는지 점점 더 자주 전화로 질문했다. 그 학생의 행동은 곧 다른 학생들에게 전파되기 시작했다. 그리고 많은 학생들이 전화로 질문을 하고 궁금증을 해결했다.

가끔씩 받는 전화 질문은 즐겁게 대답해줄 수 있었지만 이런 전화가 많아지면 어느 순간 일상의 리듬이 깨지게 된다. 나는 전화로 질문을 받고 답해주는 것이 별도의 수업임을 깨달았다. 곧 전화로 질문을 받고 답을 해주는 새로운 콘셉트의 학원 아이디어를 생각해내었다.

과연 이것이 내가 가장 먼저 생각해낸 아이디어일까? 결코 그렇지 않을 것이다. 같은 경험을 한 분들이 숱하게 많을 것이다. 하지만 그분들은 그것이 특별한 일이 아니라고 생각했고, 그것을 해결하려는 생각을 하지 않았다.

반면 나는 이 경험이 특별하다고 생각했고, 해결할 필요를 느꼈다. 그리고 이 아이디어가 돈이 된다는 사실을 알았다. 아이들이 수학문제를 풀다가 모르는 문제가 나오면 그 문제를 스마트폰으로 찍어 선생님에게 보내준다. 그러면 선생님이 풀이를 동영상으로 찍어

10분 내로 보내주는 새로운 콘셉트의 과외 서비스를 생각해냈다. 그리고 이 아이디어를 유명 기업에 제안해 팔았다.

아이디어는 우리의 일상생활에 숨어 있다가 우리가 불편을 느낄 때 발견된다. 그런 불편함은 너무 부지런한 사람에게는 잘 보이지 않는다. 내가 학생들의 전화 질문을 받고 일일이 답해주는 것이 불편하지 않았다면 나는 스마트폰 과외 아이디어를 생각해내지 못했을 것이다. 나는 부지런한 사람이 아니었기에 학생들의 전화 질문에 대응하는 것이 새로운 일이라는 것을 깨달았고, 이를 해결하기 위해 자연스럽게 이 아이디어를 생각해낸 것이다.

나는 매주 금요일마다 '놀라운 강의'라는 이름으로 새로운 강의를 열고 있다. 하루는 '절반만 일하고 두 배로 버는 비즈니스 리모델링'이라는 제목으로 강의를 했다.

이 강의는 소득을 늘리기 위해 노동시간을 늘리는 것은 좋지 않은 방법이며, 노동을 줄이면서 소득을 올릴 수 있는 방법도 있다는 것을 알려주는 강의였다. 이 강의의 내용은 특별한 콘텐츠일까? 나는 전혀 그렇지 않다고 생각했다. 찾아보면 유사한 책이 여러 권 나와 있고, 인터넷에 검색하면 숱하게 많은 정보들을 찾을 수 있을 것이다.

내가 이 강의를 하게 된 것은 이 내용이 나에게 먼저 필요하고 예비 창업자에게도 필요하다고 생각했기 때문이다. 더 많은 소득을 올리기 위해 더 많은 시간을 노동하면 된다는 것은 일차원적 생각이다. 하지만 나는 더 부지런해지고 싶은 욕망이 없었다. 오히려 일을 줄이고 싶은 욕망이 가득했다.

나는 강의에서 반만 일하고 두 배로 버는 법을 연구하고 전파하는 새로운 컨설팅 사업을 시작하겠다고 선포했다. 그러자 그 자리에서 이 사업을 함께하고 싶다는 분이 손을 들었다. 나는 그에게 내 아이디어를 천만 원에 판매했다. 그는 즉시 강의 내용을 책으로 썼고, 사업을 시작했다.

내가 그에게 판 것은 무엇일까? 그것은 적게 일해서 많이 벌고 싶다는 욕망이다. 이 욕망은 나만의 욕망이 아니다. 모든 사람들이 한번쯤 가졌던 욕망이다. 어쩌면 모든 사람들이 이미 갖고 있는 욕망이라고도 할 수 있다. 나는 모든 사람들이 갖고 있는 욕망을 객관적으로 바라보았고, 그것을 팔 수 있다고 믿었다. 그리고 마침내 그 욕망을 아이디어로 만들어 팔았다.

내게서 아이디어를 산 그도 분명히 나와 같은 욕망을 갖고 있었을 것이다. 그런데 그는 그것이 희망사항일 뿐이지 100퍼센트 현실이 되리라고는 생각하지 않았다. 반면 나는 동일한 욕망이 꿈으로만 그치지 않고 현실이 될 수 있음을 강의에서 보여주었다. 그리고 내 아이디어를 얼마든지 많은 사람들에게 팔 수 있음을 보여주었다. 그는 현재 나와 함께 노동을 줄이고 소득을 높이는 새로운 창업 방법을 연구하고 전파하는 사업을 진행하고 있다.

아이디어가 얼마나 평범한 것인지, 아이디어를 판다는 것이 얼마나 단순한 것인지에 관해 내가 경험한 한 가지 사례를 더 들어보겠다.

나는 매주 금요일마다 한 사람을 지목해 강의를 하게 하는 '어떤 강의'를 진행하고 있다. 한번은 매일 감사편지를 쓰는 분을 초청해 강의를 들었다. 나는 그의 강의를 듣고 큰 감동을 받았다. 그는 감사를 받는 것보다 감사를 전하는 것이 더 행복하다고 하면서 강의를 듣는 모든 사람들에게 매일 감사편지를 써보라고 권했다.

나는 사실 그 강의를 듣기 전에 감사편지 쓰는 일이 자존감을 올려주는 최고의 자기계발이라고 말하는 책을 읽은 적도 있었다. 감사편지 쓰기는 주변의 모든 사람을 자기편으로 활용하는 최고의 기술이라고 한다. 또 감사편지 쓰기는 원수마저도 자기를 돕게 하는 감동의 기술이라고 한다.

감사편지에 관한 강의를 듣고 책을 읽을 때는 누구나 당장 감사편지를 매일 써야겠다고 결심한다. 하지만 하루만 지나면 대부분 그 결심을 까맣게 잊어버린다. 나 자신도 강의를 듣는 순간에는 매일 감사편지 쓰겠다고 다짐했지만 하루가 지나면 그 생각을 잊어버릴 거라는 생각이 들었다.

그래서 강의가 끝나자 나는 앞으로 나갔다. 그리고 모든 참석자에게 내일부터 매일 감사편지를 쓸 자신이 있는지 물었다. 하지만 그 누구도 자신 있게 대답하는 사람이 없었다. 나는 그 자리에서 매일 감사편지를 쓸 수 있는 방법이 있다고 말했다. 참석자들이 일제히 나를 향해 귀를 기울였다.

나는 매일 감사편지를 쓸 수 있는 아이디어를 바로 말해주었다. 그리고 그 자리에서 그 아이디어를 사겠다는 다섯 사람을 확보했다.

당시 내가 판 아이디어는 무엇일까? 사실 아이디어라고 할 수도 없는 단순한 생각이었다. 나는 매일 한 사람씩 감사편지를 쓸 대상과 이유를 정리해서 메일로 알려주겠다고 했다. 내 아이디어를 산 사람은 내가 지정한 사람에게 감사편지를 쓰면 된다. 어떤 사람을 지정할지는 내가 정해도 되고, 회원들이 추천을 해도 된다. 이것은 누구나 할 수 있는 참으로 간단한 생각이다.

나는 지금도 이 아이디어를 팔고 있다. 앞으로 더 많은 사람들이 이 아이디어를 사서 매일 감사편지를 쓰게 될 것이다. 매일 감사편지를 쓰는 것은 하루를 기쁘게 사는 멋진 방법이다. 나는 나 자신을 위해 이 일을 계속할 필요를 느꼈다. 그런데 이 단순한 아이디어를 사람들에게 팔아 개인적으로 수익을 창출하면서 동시에 더 큰 사회적 효용을 창출하고 있다.

이 사업의 수요는 얼마나 될까? 나는 이 아이디어를 얼마나 많은 사람에게 팔 수 있을까? 이 사업에서 한계는 없다. 나는 천 명, 만 명을 넘어 전 인류에게 내 아이디어를 팔아 감사의 가치를 전파하고 싶다.

아이디어는 참으로 단순한 것이다. 아이디어란 누구나 할 수 있는 생각이다. 누구나 하는 생각도 돈이 된다고 믿고 실행하면 반드시 돈이 된다.

아이디어를 돈으로 만드는 사람은 누구나 아는 평범한 아이디어에서 거대한 가치를 발견하고, 그것을 실행한다.

지금은 아이디어를 파는 것이 일상이 되었지만 나는 오늘이 있기까지 수많은 시행착오를 겪었다. 과거의 나는 아이디어를 알아보는 눈이 없었다. 아이디어의 가치를 알아보는 시각을 얻기까지 참으로 많은 수업료를 내며 쓰라린 실패의 과정을 경험했다.

아이디어의 가치를 제대로 알지 못해 천금 같은 기회를 날려버린 안타까운 기억이 주마등처럼 스쳐간다.

이어지는 장에서는 내가 저지른 뼈아픈 실수 몇 가지를 소개해 본다.

아이디어의 가치를 끝까지 믿는
끈기를 기르라

아마 1998년이었을 것이다. IMF 경제 위기를 맞은 한국경제가 뼈를 깎는 구조조정을 하면서 새로 태어나고 있을 때, 인터넷 벤처 창업 붐이 거세게 일고 있었다. 나도 시류에 편승해 다니던 직장을 그만두고 창업을 준비하고 있었다. 자본금 5천만 원은 이미 마련했고 이를 통장에 보관해둔 채 창업 아이템을 찾고 있었다.

그러던 어느 날 예전 직장 동료가 연락을 해서는 자기가 아는 사업가 한 분을 소개해주겠다고 했다. 그에게 연락처를 받아 사업가의 사무실을 찾아갔다. 10평도 안 되는 좁은 사무실에서 사업가를 만났다. 사업가는 자신은 이제 사업에 지쳤으니 자신의 사업을 단돈 5천만 원에 인수하라는 제안을 내게 했다.

그 사업은 책을 파는 인터넷 쇼핑몰이었다. 내가 쇼핑몰의 사정을 파악해보니, 현재 적자 상태이고 한동안 적자를 벗어나기 어려워 보였다. 그래서 나는 딱 거절해버렸다. 내 거절 의사를 확인한 사업가는 얼마 후 다른 사람을 찾아 자신의 사업을 팔았다. 이후 곧바로 닷컴 열풍이 전 세계적으로 불었다. 한국도 예외가 아니었다. 인터넷 관련 사업을 한다고만 하면 여기저기서 돈뭉치를 싸들고 줄을 서는 상황이 펼쳐졌다.

그런데 내가 가치 없다고 거절한 그 회사가 투자가들의 이목을 끌었다. 신문에서 그 회사 소식을 종종 볼 수 있었는데, 한국의 아마존이라고 불리면서 시장의 주목을 받고 있었다. 그리고 몇 년 후 그 회사는 사명을 '예스24(Yes24)'로 바꾼 후 증권시장에 상장되었다. 현재 예스24는 정말 한국의 대표적인 인터넷 서점이 되었다. 시가총액은 나날이 불어났고 한국에서는 모르는 사람이 없는 기업으로 성장했다.

나도 한국 사람이기에 이 회사의 사이트를 이용하지 않을 수가 없다. 내가 쓴 책은 모두 이 회사의 사이트에서 등록되어 있고, 나도 이 회사의 사이트를 이용해 주로 책과 물건을 산다. 이 회사의 사이트를 이용할 때마다 나는 그때의 아픈 기억이 떠올라 마음이 쓰리다. 아아, 나는 왜 제 발로 걸어 들어온 황금거위를 차버린 걸까?

인터넷 서점이라는 아이디어는 내게 인수를 제안한 사업가가 냈고, 그가 실현한 것이었다. 그는 자신이 낸 아이디어의 가치를 알

앉고 실행했지만 오래가지 못했고 나중에 흥미를 잃어버렸다. 나는 그 아이디어의 가치를 처음부터 끝까지 전혀 알아보지 못했다. 반면 그 사업을 인수한 분은 그 아이디어의 가치를 제대로 알았고 끝까지 지켰다.

여기서 우리는 다음의 사실을 분명히 알 필요가 있다.

아이디어를 돈으로 만드는 아이디어의 진짜 주인은 아이디어의 가치를 알고 끝까지 지키는 사람이다.

나의 또 다른 치명적 실수를 소개하고자 한다. 아마도 1997년쯤이었던 걸로 기억한다. 나는 당시에 삼성그룹의 어떤 회사에서 신사업 기획 업무를 담당하고 있었다. 자금이 풍부한 대기업이고 신사업 기획부서다 보니 벤처기업들이 자금지원 요청을 하러 찾아오는 경우가 더러 있었다.

어느 날 나는 나를 찾아온 두 명의 청년을 회사에서 만났다. 그들은 멋진 온라인 게임을 개발했는데 돈이 없어 마케팅을 할 수 없다고 사정하면서 우리 회사에 투자를 요청하러 온 것이었다.

그들은 자신들이 갖고 있는 게임에 대해 자세히 설명하려고 했지만, 나는 게임에 관심이 없어서 형식적으로 그들을 대했다. 회사에서도 그들에게 투자하도록 적극적으로 노력하지 않았다. 그들의 제안을 형식적으로 검토하고는 투자할 수 없다고 결론을 내렸고, 그들은 쓸쓸하게 다른 후원자를 찾아 나섰다.

그런데 나중에 알게 되었다. 내게 찾아온 그들은 불과 2~3년 후 한국을 넘어 세계적 게임회사로 거듭난 'NC소프트'의 임원들이었다. 그들이 가져온 게임은 이후 온라인 게임 시장에서의 전무후무한 최고의 히트작이 되는 '리니지'였다.

회사가 투자를 거절했어도 나는 개인적으로라도 무조건 그들에게 투자를 했어야만 했다. 나는 당시에 투자를 위해 마련해놓은 자금이 있었다. 조금만 주의를 더 기울였다면 백만장자가 될 수 있었다. 단지 내가 게임에 관심이 없다는 이유로 그들의 설명을 귀담아 듣지 않았던 것이다. 내가 사람을 보는 눈이 없어 전설적인 창업가들을 알아보지 못했다. 아아, 나는 왜 제 발로 걸어 들어온 황금거위를 차버린 걸까?

이 회사와 이 게임에 관한 뉴스를 지금도 자주 접하는데, 그럴 때마다 그때의 아픈 기억이 떠올라 역시 마음이 쓰리다. 나는 앞의 두 가지 사례를 뼈아프게 경험하면서 다음의 사실을 깨닫게 되었다.

아이디어를 돈으로 만드는 진짜 주인은 아이디어를 함부로 폄하하지 않는다. 사소한 아이디어도 최소 100억 원의 가치가 있다.

앞의 두 가지 실수 외에도 나는 뼈아픈 실수를 수십 번 더 저질렀다. 2000년 전후에는 인터넷 창업 붐이 거세게 일었다. 많은 창업자가 실패를 겪었지만 그 와중에도 기적 같은 성공을 맛본 사람들이 존재했다.

나는 당시 다양한 모임에 가서 많은 사람을 만났다. 나와 함께 밥 먹고, 술 마시는 사람들 속에는 앞으로 기적 같은 성공을 이룰 사람들이 적어도 수십 명은 있었다. 나는 나중에 전설적인 사업가, 전설적인 개발자가 되는 사람들과 친구처럼 어울렸다. 수시로 그들의 아이디어를 들었고, 수시로 그들로부터 참여 제안을 받았다. 매일 아이디어가 넘쳤고, 매 순간이 기회였다. 하지만 나는 매번 아이디어를 알아보지 못했고, 매번 기회를 놓치고 말았다.

내 눈에 그들은 어리숙해 보였고, 그들의 아이디어는 뜬구름처럼 보였다. 그런데 내가 이름과 얼굴도 기억하지 못하고 무시하고 지나갔던 그들이 화려하게 성공해 새로운 세상을 열었다.

나는 어느 날 예전에 알고 지내던 친구를 우연히 만났다. 그는 내게 어떤 온라인 사이트를 개발한다고 말했다. 나는 그 친구의 사무실에 놀러갔다. 그 친구는 자신이 개발하는 사이트에 대해 자세하게 설명해주었다. 나는 그의 설명을 듣고 사업이 너무 추상적이고 수익모델이 불명확하다는 말과 함께 이런 사업을 왜 하느냐고 한심하다는 듯 말했다. 그 친구는 더 열심히 자기 사업에 대해 설명했지만 나는 빨리 사업을 그만두고 수익이 되는 일을 시작하라고 충고했다. 내 예상대로 그 친구의 사업은 순조롭지 않았다. 매출이 전무해서 투자에 의존해야 했는데, 그마저도 어려웠다. 나라도 투자할 수 있었지만 도무지 투자하고 싶은 생각이 없었다.

하지만 그는 포기하지 않았다. 수많은 난관을 이겨내어 사이트를 개발했고, 마침내 서비스를 세상에 공개했다. 나는 그 순간에도 그를 이해하지 못했고, 그를 애처롭게 보고 있었다. 그런데, 이게 웬일인가? 몇 년 후 그가 만든 사이트는 한국인이 만들어 세계적으로 성공한 유명 소셜 네트워크가 되었다. 그 사이트의 이름은 '싸이월드'였다.

아이디어를 알아보는 것도 어렵지만 아이디어를 지키는 것은 더 어려운 일이다. 또 나는 우연히 한 사업가를 만나게 되었다. 그는 많은 사람들이 쇼핑몰을 자유롭게 개설할 수 있는 서비스를 개발하고 있다고 말했다. 나는 그가 근무하는 사무실에 몇 번 찾아가서 개발 현장을 살펴보았고, 같이 일하는 직원들을 만나 대화도 나누었다.

그들과 대화를 나눌 때 너무 엔지니어적인 틀에 갇혀 있다는 느낌이 들었다. 그들은 생각이 유연하지 않았고, 경영에 대해서도 관심이 없는 것 같았다. 내가 느끼기에 그들은 너무 무뚝뚝했고, 자유로운 대화가 되지 않는 분들이었다. 나는 그들이 성공할 거라고는 조금도 예상하지 않았다. 그런데 이게 무슨 일인가? 내 예상은 또다시 완전히 빗나갔다.

그들은 자신들의 분야에서 가장 성공적인 업적을 이뤄냈다. 그들은 자신의 아이디어를 흔들림 없이 지켜냈고, 우직하게 실행했다. 자신들이 상상한 아이디어의 가치를 믿고, 비가 오나 바람이 부나 포기하지 않고 실행해나간 것이다. 나는 그들의 성공 사례를 보고 내게 사람 보는 눈이 없음을 뼈저리게 느꼈다.

스마트해 보이는 사람이 성공할 가능성이 높을까? 아니면 우직해 보이는 사람이 성공할 가능성이 높을까? 예전의 나라면 전자 쪽으로 더 기울었겠지만, 최근에는 후자 쪽으로 마음이 더 기운다. 스마트한 사람은 상황 변화에 민첩하게 대응하지만 아이디어를 지키는 데 약한 구석이 있다. 반면 우직한 사람은 시간이 오래 걸리지만 상황 변화에도 불구하고 끝까지 한길을 가면서 아이디어를 기어이 살려낸다.

아이디어의 결과가 내 예상과 빗나가는 경우가 너무 많았기 때문에 이제 나는 누군가의 아이디어를 보고 '된다' 또는 '안 된다'는 판단을 쉽게 내리지 않는다. 그리고 사람을 단순히 살펴보고서 함부로 그 사람이 '성공한다' 또는 '성공 못 한다'는 판단도 내리지 않는다.

이제 나는 어떤 황당한 아이디어도 대박의 가능성이 있음을 늘 염두에 두고 있다. 그리고 이런저런 아이디어를 가진 열정적인 사람들을 보면 그 사람의 겉모습에 상관없이 강한 호감을 가지게 된다.

소셜 커넥팅은
샘솟는 아이디어의 원천이 된다

나는 시골에서 태어나 지방에서 학교를 다녔다. 성격은 소심하고 내성적이라 사람을 잘 사귀지 못한다. 그래서 인맥이 좋지 않고, 이미 갖고 있는 인맥도 잘 활용하지 못하는 편이다. 그렇다고 해서 나 자신에게 실망하지 않는다. 화려한 인맥을 가진 사람을 부러워하지도 않는다. 나는 인맥이 없어서, 인맥 활용을 못 해서 다행인 나름의 이유를 찾았기 때문이다.

나는 지구상에 존재하는 모든 사람이 친구라는 생각에 도달했다. 더 오래 친하게 지낸 사람, 과거에 특별한 인연이 있었던 사람들이 친구라는 과거의 인식에서 벗어났다.

나는 매주 한 분을 초빙해 강의를 듣는 모임을 5년 가까이 진행 중이다. 이 이야기를 들으면 대부분 "대표님은 인맥이 엄청나군요!"라고 감탄한다. 으레 내가 알고 있는 강사들이 엄청 많고 그분들을 초빙할 거라고 짐작하는 것이다. 사실은 그렇지 않다. 나는 알고 지내는 강사가 별로 없다.

나는 단지 누구도 꺼리지 않고 연락하고 부탁할 뿐이다. 강의에서 처음 만난 사람에게도 강의해달라고 부탁하고, 책을 읽고 나서 작가에게도 부탁하고, 블로그를 읽다가 얼굴도 모르는 사람에게 부탁하기도 한다. 우연히 만난 유명한 CEO에게도 부탁하고, 내 블로그에 우연히 댓글 단 사람에게도 부탁한다.

점심을 먹으러 갔다가 식당 운영이 특별하다는 생각이 들어 그 자리에서 식당 사장님께 강의를 부탁한 적도 있고, 내게 물건을 팔려고 찾아온 영업사원에게 세일즈 강의를 부탁한 적도 있다. 신기하게도 대부분 거리낌 없이 응해준다. 이런 행동은 지구상에 존재하는 모든 사람이 친구라는 생각이 있기에 가능하다.

나는 다른 사람과 새로운 사업을 진행할 때도 학연, 지연, 혈연을 전혀 따지지 않는다. 그 사람이 나이가 많은지 적은지, 여자인지 남자인지, 얼마나 오래 알고 지냈는지도 따지지 않는다. 나는 내가 만나는 모든 사람이 사업 동지가 될 수 있다는 가정하에 누구에게든 사업을 제안하고, 서로의 조건이 통하면 사업을 진행한다.

나는 인맥에 대한 전통적인 개념을 쓰레기로 처리해버린 지 오래다. 나의 인맥이 비교적 작고 초라했기에 전통적인 인맥의 한계에서 벗어날 수 있었다. 나처럼 인맥이 작고 초라하다고 느낀다면 누구든 미련 없이 버리면 된다. 그러면 가장 거대한 무한의 인맥을 이미 가졌음을 알게 된다.

SNS로 연결된 모든 사람들이 당신의 인맥이다. 또 당신과 연결된 사람과 연결된 사람도 당신의 인맥이다. 결과적으로 지구상에 존재하는 모든 사람이 당신의 인맥이다. 도움이 필요하면 거리낌 없이 요청해보자. 당신에게 진정성이 있고, 친구를 이해하는 최소한의 포용심이 있다면 그들은 기꺼이 당신의 친구가 되어줄 것이다.

아이디어를 만들고, 아이디어를 파는 일은 주로 사람과의 관계 속에서 일어난다. 사람과의 관계에서 아이디어가 생겨나고, 사람과의 관계 속에서 아이디어가 발전하고, 사람과의 관계 속에서 아이디어가 판매된다.

사람들은 보통 사람과의 관계 속에서 좋은 사람으로 비춰지기를 희망하고 그렇게 행동한다. 평판이 좋고 배려심이 많은 사람을 가까이하려 하고, 이기적이고 막돼먹은 사람과는 멀리하려고 한다.

나도 한때는 그런 생각에 지배당했다. 착한 척하면서 좋은 친구를 사귀려고 했다. 다른 사람의 말을 경청하고, 다른 사람이 싫어하는 말은 입 밖에 꺼내지도 않으려고 했다. 하지만 아이디어를 돈으로 만드는 사람은 인간관계에서도 일반적인 생각에서 탈피해야 한다는 것을 알게 되었다.

나는 경험을 통해 분명히 깨달았다. 평판이 좋은 사람에게서는 아이디어를 발견하기가 어렵다는 것이다. 그들은 포용하지만 도전하지는 않는다. 도전을 하더라도 항상 틀 안에 있고, 추구하는 비전의 색깔도 희미하다. 그들의 생각과 행동은 늘 내 예상 범위 안에 있어서 자극을 주지 못했다.

내게 자극을 준 사람들은 주로 평판이 안 좋은 사람들, 자기 멋대로 행동하는 사람이었다. 이들은 틀을 깨는 생각을 아무렇지 않게 말한다. 사람들의 비판에 아랑곳하지 않고 자신의 생각을 뱉어낸다.

나는 이들의 말과 행동이 바로 아이디어라는 것을 깨달았다. 나는 이들을 새롭게 보고 나서 진정한 아이디어맨의 길을 걷기 시작했다.

나는 내 삶에서 고마운 세 분의 은인을 만났다. 그중 제일 먼저 기억나는 분을 꼽는다면 앞에서 소개했던 휴학 때 만난 광고회사 사장님이다.

사장님은 나이 어리고, 아무 경험도 없던 내게 중요한 일을 맡김으로써 획기적인 변화의 토대를 만들어주었다. 합리적이고 배려심이 많은 사람이었다면 절대 이런 기회를 내게 주지 않았을 것이다. 사장님은 도덕성을 강조하는 선한 사람이 아니었고, 타인의 감정을 세심하게 배려하는 친절한 사람도 아니었다. 오히려 직원들 사이에서는 신뢰성이 부족하다는 부정적인 평을 듣는 사람이었다.

하지만 사장님은 사람들의 상식이나 평판에 지배당하지 않는 사람이었다. 자신의 주관을 믿고 상식에 반하는 일도 밀어붙이는 사람이었다. 사장님은 일반 사람이 모르는 강점을 내게서 발견했고,

내가 그 일을 맡도록 강제로 떠밀었다. 결과적으로 그 사건은 내 삶에서 엄청난 전환점이 되었다. 그 몇 달간의 경험으로 아이디어의 가치와 힘을 알게 되었고, 내 능력의 한계도 깨뜨리게 되었다.

나는 그런 경험을 내게 제공한 사장님께 감사함을 느끼고 존경을 표했다. 그 사장님은 나를 새로 태어나게 만든 두 번째 어머니이고, 내 삶의 첫 번째 은인이다. 내가 세상을 두려워하지 않게 만들어준 사람이고, 무엇이든 할 수 있는 자신감을 갖게 해준 사람이다. 비록 그는 그것을 전혀 의도하지 않았다고 할지라도 말이다. 아니, 오히려 그 반대로 나쁜 의도가 있었다고 할지라도 말이다. 수십 년이 흘렀지만 지금까지도 나는 사장님과 통화를 하면서 지내고 있다.

내게는 존경하는 사업가 선배님이 또 한 사람 있다. 그는 20대 후반에 IT회사를 창업하고 코스닥에 상장시켰다. 몇 년 후 회사를 매각하면서 큰돈을 벌었다. 또다시 창업과 매각을 반복하며 자유로운 비즈니스 인생을 살고 있는 사람이다.

나는 그가 한창 잘나갈 때 후배의 소개로 그를 만났다. 그의 회사 직원들과도 알고 지냈다. 그런데 알고 보니 그의 평판이 썩 좋은 편이 아니었다. 감정 변화가 심한 편이었고, 자신의 기분 상태를 바로 드러내는 사람이었다. 그는 모범생과는 정반대의 타입이었다. 자신의 머릿속에 든 생각을 다른 사람들이 어떻게 생각하는지에 아랑곳하지 않고 그대로 말하는 사람이었다.

나는 그런 유형을 처음 본 탓에 꽤 충격을 받았다. 하지만 이내 누구보다 솔직한 모습이 오히려 긍정적으로 느껴졌다. 그의 말에서 수많은 아이디어도 얻었다. 그를 만나면 지루하지 않았고, 모든 순간이 역동적이었다. 처음에 느꼈던 거부감은 만날수록 호감으로 변해갔고, 나중에는 인간적인 면에서도 꽤 매력 있는 사람임을 알게 되었다.

하지만 그를 얇게 아는 대부분의 사람은 그의 진면목을 알리가 없다. 그가 운영하는 회사에서는 그의 진면목을 알지 못하는 직원들이 빈번하게 퇴사했고, 내가 아는 사람들도 대부분 그를 피상적으로만 알고 거리를 두고 지냈다.

하지만 나는 그가 나빠 보이기보다는 오히려 좋아 보였다. 거의 모든 사람들이 다른 사람의 생각에 맞추며 살아간다. 그는 그러지 않았다. 자신만의 명확한 기준을 갖고, 환경을 자신에 맞게 바꾸려고 했다. 그가 하는 모든 말과 행동은 그 자체가 아이디어였고, 그 자체로 실행할 수 있는 것들이었다. 그의 존재 자체가 내게는 큰 자극이었다. 나는 그를 지금도 만나고 있다. 그리고 여러 가지 큰 도움도 받고 있다.

많은 사람이 처음에는 의식적으로 좋은 면만 보여주다가 나중에 의도하지 않게 나쁜 면을 보여준다. 하지만 그는 반대다. 처음에 나쁜 면을 의도적으로 보여주고, 나중에 의도하지 않게 좋은 면을 살짝살짝 보여주는 드문 사람이다. 그는 신이 내게 선물하신 두 번째 은인이다.

세 번째 은인은 나보다 나이가 한참 어린 후배다. 내가 30대 초반에 사업을 막 시작할 때 후배는 20대 초반으로 유명 대학에서 법학을 공부하는 대학생이었다. 가정형편이 어려워 작은 인터넷 사업으로 학비를 벌고 있었다. 나는 후배의 추진 능력에 반했다. 그에게 학교를 휴학하고 나와 함께 인터넷 사업을 해보자고 제의했고, 그렇게 우리 두 사람은 함께 사업을 시작했다.

나도 저돌적인 편이었지만 후배는 젊어서 그런지 더 저돌적이었다. 항상 낙관적이고, 진취적이었다. 조직은 빠르게 불어났고, 동시 다발적으로 프로젝트가 진행되었다. 하지만 2년이 지나지 않아 과욕과 과신이었다는 것이 드러났다. 프로젝트는 무너졌고, 자금은 바닥을 드러냈고, 조직은 분열되었다. 후배는 상황을 수습해보려고 했지만 역부족이었다. 결국 뒷정리를 내게 맡긴 채 회사를 떠나고 말았다.

많은 사람이 그의 행동을 보고 무책임하다며 부정적으로 말했지만, 전적으로 그의 책임이라기보다는 내 책임이었다. 나는 묵묵하게 뒷수습을 했다. 회생이 불가능한 사업은 과감히 정리하고, 회생 가능성이 있는 사업은 불씨를 살렸다. 결과적으로 운 좋게 불씨 하나를 살렸고 능력 있는 사람들을 만나 성공적으로 키울 수 있었다. 떠난 후배가 마련해준 불씨이기에 나는 그 후배를 고맙게 생각한다.

나는 개인적으로 그 후배에게 여전히 호의를 갖고 있으며, 만남을 유지하고 있다. 그와 만나면 늘 열정적으로 프로젝트에 대해 이야기한다. 실제 진행되는 프로젝트도 많은 편이다. 그는 추진하는 모든 일을 긍정적으로 바라보는 성향이 강하다. 그 덕분에 일을 크게 만들어놓고 나중에 뒷수습을 못하는 경우가 더러 있다. 이런 모습 때문에 내 지인들은 그와 일하는 것을 말리기도 한다.

하지만 나는 오히려 그 반대다. 대부분의 사람이 새로운 일을 두려워하고, 실제로 행동에 옮기지 않는다. 나는 아무것도 시도하지 않고, 실패도 하지 않는 사람보다는 뭔가를 시도하고 실패하는 사람이 더 좋다. 그가 무책임하게 보이는 것은 많이 시도하고 많이 실패하기 때문이다. 하지만 그는 실패 속에서도 기어이 성공하는 모습을 보여주었다.

나는 그가 실패라고 결론짓고 떠난 자리에서 기회를 만들 수 있었다. 그가 수습을 못 하고 떠났기에 그 기회는 온전히 내 것이 되었다. 그래서 나는 그를 은인으로 생각한다. 그는 나뿐만 아니라 다른 사람들에게도 기회를 제공하는 사람이다.

내가 왜 그를 만나고, 그가 왜 나를 만나는지는 잘 모르겠다. 아마도 서로가 서로를 이용해 뭔가 얻으려는 것이 있기 때문일 것이다. 그것이 다른 사람이 말하는 사악하고 음흉한 목적이어도 나는 상관없다. 분명한 것은 그를 만나면 아이디어가 살아나 꿈틀대기 시작한다는 점이다. 우리가 좋은 친구라는 것은 그것 하나면 충분하다.

우리가 매일 만나는 사람 중에는 아이디어를 죽이는 사람이 있고, 아이디어를 살리는 사람이 있다. 선량하고 모범적인 사람들은 대부분 아이디어를 죽이는 사람이다. 그들은 도전과 모험을 싫어한다. 새로운 아이디어에서 문제점을 찾고 비판하는 것을 좋아한다.

아이디어를 살리는 사람들은 다소 허황되고 반항적인 사람들이다. 그들은 가능성이 조금이라도 있으면 동조하고 그것이 실현되기를 기대한다. 그들은 다른 사람의 생각을 벗어나 미지의 세계를 꿈꾼다. 그들은 성공을 과신한다. 기꺼이 도전하지만 안타깝게도 대부분 실패한다. 그래서 다른 사람의 눈에는 이들이 허풍쟁이, 거짓말쟁이, 사기꾼으로 보일 수도 있다.

내가 아는 후배도 마찬가지다. 조금이라도 가능성이 있으면 도전한다. 주변에 성공을 자신하기도 한다. 그러나 생각대로 안 되는 경우가 많다. 사람들이 그를 부정적으로 바라보는 것도 당연하다. 하지만 아이디어를 돈으로 만드는 사람은 그와 같은 사람을 보물처럼 아껴야 한다.

자신을 과신하는 사람은 거짓말쟁이도 아니고 사기꾼도 아니다. 그들은 누구보다 순수한 꿈을 꾸는 사람이고, 그들의 자신감은 그것만으로 근거가 된다. 이들은 실패를 연발하면서 거대한 성공의 기틀을 만들어낸다.

아이디어를 살리고, 아이디어를 돈으로 만들고 싶다면 이제부터 주변에서 허풍쟁이, 사기꾼처럼 보이는 사람을 다시 보라고 권하고 싶다. 그들을 깊이 있게 관찰해보면 허풍쟁이나 사기꾼이 아닐 가능성이 크다. 그들은 의욕에 비해 책임감이 약간 부족한 사람일 뿐이다. 그들은 기회를 만들고 나서 수습이 약간 서투른 사람일 뿐이다. 당신이 책임감이 강한 사람이라면 그들을 데리고 거대한 기회를 만들 수 있다.

현실적인 사람은 다른 사람에게 기회를 주지 않는다. 반면 비현실적인 사람 옆에는 기회가 널려 있다. 나는 내게 끊임없이 기회를 만들어주는 후배가 너무 고맙고 감사하다. 나는 인격이 좋고 나쁨을 기준으로 사람을 만나지 않는다.

인격이 좋은 사람만 만나고 그런 사람만 친구로 둔다면 이 세상에 존재하는 인적 자원을 일부러 한정적으로 사용하는 것이나 마찬가지다. 내 경험에 의하면 이 방법은 또 다른 치명적인 문제점이 있다. 인격이 좋다고 판단해 만나기 시작한 사람이 끝까지 좋은 인상으로 기억되기가 사실상 불가능하다는 것이다. 인격이 좋다고 믿었던 사람도 언젠가 반드시 그 믿음에 반하는 언행을 할 때가 온다. 그를 믿었던 사람이 그런 경우를 당하면 믿음이 깨지고, 오히려 배신과 증오의 감정이 생기기 쉽다.

믿었던 도끼에 발등 찍힌다는 속담이 말해주듯, 배신과 증오의 감정은 반드시 당신이 믿고 마음을 준 사람에게서 일어난다는 사실을 알아야 한다. 늘 허황돼 보이는 사람은 당신에게 신뢰를 주지 못하므로 당신을 배신하지 않는다. 처음부터 사기꾼 같아 보이는 사람은 당신이 평소 대비를 할 것이기 때문에 절대 당신에게 사기를 치지 않는다. 그래서 당신을 배신하고, 당신에게 사기를 치는 사람은 반드시 당신이 인격이 좋다고 믿는 사람일 수밖에 없다.

무섭게 들리겠지만 이것은 불변의 법칙이다. 인격이 좋은 사람들만 만나고 그들과만 거래하면 인적 자원이 제한될 뿐만 아니라 사기와 배신을 당하기 쉽다. 화병이 생기고, 삶 자체를 비관할 가능성도 높다.

하지만 인격이 좋은 사람들이 모두 배신자나 사기꾼이라고 오해해서는 안 된다. 인격이 좋은 사람들은 그냥 좋은 사람들이다. 다만 그들이 영원히 당신에게 좋은 사람으로 남을 거라는 믿음이 잘못된 것이다. 그들에게도 당신이 모르는 비인격적인 부분이 반드시 있음을 알고, 그 비인격적인 부분이 발견될 때 당황하지 말고 아무렇지 않게 받아들여야 한다. 그리고 그러한 일이 늘, 반드시 있음을 알고 미리 대처해두어야 한다.

그래서 나는 인격이 좋고 나쁨을 기준으로 사람을 만나지 않는다. 나 스스로도 인격이 좋은 사람으로 비춰지기 위해 노력하지 않는다. 나의 겉모습만 본 사람들 또는 피상적으로만 나를 아는 사람들은 내가 꽤 착하고 온순한 사람이라고 판단한다. 한마디로 나의 첫인상을 좋은 사람이라고 판단할 가능성이 높다는 것이다. 나는 이것이 나의 리스크임을 알았다. 그래서 나는 첫인상을 외려 나쁘게 심어주기 위해 의도하는 경우도 있다.

첫인상에 대한 나의 생각이 이러하기 때문에 나는 '첫인상이 중요하다'는 일반적 관념을 쓰레기로 처리해버린 지 오래다. 나는 첫인상이 나빠 보이는 사람을 더 주목한다. 그리고 '첫인상은 나쁜 게 좋다'고 강의에서 설파하기도 한다. 왜 그럴까?

세상에는 온전히 좋은 사람도 없고, 온전히 나쁜 사람도 없을 것이다. 좋고 나쁨은 상황에 따라, 보는 사람에 따라, 이해관계에 따라 달라진다. 사실 좋고 나쁨에 대한 기준은 우리가 자의적으로 만든 것이다. 모든 것을 좋게 보면 모든 것이 좋아 보이고, 모든 것을 나쁘게 보면 모든 것이 나쁘게 보인다.

첫인상이 나빠 보이는 사람은 대중의 공통적인 틀에서 벗어났기에 그렇게 보이는 것이다. 다른 면에서 해석하면 그들은 좀 더 자유로운 사람들이다. 또 그들은 좀 더 용기 있는 사람들이다. 그들은 더 자유롭기에 새로운 생각을 한다. 그들은 더 용감하기에 다른 생각을 한다. 새롭고 다른 생각이 무엇인가. 그것이 바로 아이디어 아닌가.

나는 아이디어를 살리는 사람인지 아닌지를 기준으로 사람을 만난다. 아이디어를 살리는 사람은 인격이 좋은 사람이 아니다. 아이디어를 살리는 사람은 첫인상이 좋은 사람이 아니다. 아이디어를 살리는 사람은 평판 따위에 관심 없는 사람이고 첫인상을 쓰레기통에 처넣은 사람이다. 당신의 주변에는 아이디어를 살리는 사람이 몇 명이나 있는가?

아이디어를 돈으로 만드는 사람은 주변에서 나쁜 평판을 듣는 비현실적인 사람을 보물처럼 아끼고 활용한다.

이 사람들은 아이디어를 살려내고, 아이디어를 꿈틀거리게 하고, 마침내 세상을 바꾼다.

특허에 집착하지 않는
유연함이 필요하다

아이디어에 대해 말할 때면 누구나 독창성 또는 혁신성을 강조하는 경향이 있다. 나도 한때 이런 생각을 갖고 있었지만 꾸준히 아이디어 판매에 도전하면서 이러한 고정관념을 가차 없이 쓰레기통에 던져버렸다. 아이디어가 독창적 또는 혁신적이라면 도움이 되는 측면도 있지만 받아들이는 사람이 실행을 두려워하게 된다는 점에서 해가 되는 측면도 있다.

나는 지금까지 내가 판매한 아이디어에 대해 특허를 받은 적이 한 번도 없다. 일반적으로 아이디어를 판매하기 위해서는 특허를 받아야 소유권이 인정되고, 그래야만 판매할 수 있다고 알고 있다. 일리가 있는 말이지만 특허를 가진 사람들과 대화를 나눠보면 특허를 팔아 돈을 번 사람들을 찾기 어렵다는 것을 쉽게 발견한다.

오히려 특허에 집착하다가 돈을 벌기는커녕 돈을 낭비한 사람들을 더 많이 보았다. 독자들도 방송에서 종종 보았을 것이다. 자기만의 상품을 개발하기 위해 수십 년간 특허에만 매달리는 특허 폐인을 말이다. 이들은 생업을 포기한 채 평생 일궈놓은 모든 재산을 특허 등록 비용으로 쏟아붓는다. '내일이면 터질 거야!' 하면서 빚을 져가면서 특허에 집착한다. 가족들의 만류를 무시하고, 가정까지 내팽개치고 외톨이가 되어 벼랑의 끝을 향해 달린다.

아이디어를 판매하기 위해 특허가 필수라고 믿는 사람들이 흔히 겪는 과정이다. 하나의 특허는 또 다른 특허 취득의 필요성을 낳는다. 또 다른 특허의 필요성은 점점 더 많은 특허 취득의 필요성을 낳는다.

이것은 창업에 자본이 필수라고 믿는 사람에게 일어나는 과정과 닮았다. 하나의 문제를 돈으로 해결하면, 반드시 돈으로 해결해야 할 또 다른 문제가 발생하고, 그 다음부터 점점 돈으로 해결해야 할 문제가 늘어나 아무리 돈이 많아도 부족한 상태가 된다. 온전한 창업은 창업의 필수요소가 돈이 아니라는 사실을 확실하게 인지할 때 가능하다.

아이디어 판매에 있어서 특허가 필수라고 믿으면 특허를 보완할 필요성이 계속 발견되고 또다시 특허를 내기 위해 시간을 소비하게 된다. 그러다 타이밍을 놓치게 되고 결과적으로 아이디어 판매는 영영 멀어지게 된다.

특허에 들이는 시간과 에너지도 결국은 돈이다. 그리고 특허를 유지하는 데도 계속 돈이 필요하다. 특허에 집착하는 것은 결과적으로 더 많은 돈을 쓰는 행위다. 이런 행위는 제품을 설계해 시제품을 만들고, 땅을 매입해 공장을 지어 상품을 만들어 파는 행위와 같다. 아이디어는 일반 상품과 달리 원가가 없어야 한다. 일반 상품처럼 많은 돈을 들여 판다면 그것은 더 이상 아이디어라고 불릴 자격이 없다.

온전한 창업의 필수요소가 돈이 아니듯, 온전한 아이디어의 필수요소는 특허가 아니다. 따라서 진정한 아이디어 판매상은 특허에 대한 집착을 완전히 버려야 한다.

나는 주로 비즈니스 모델을 판매한다. 물론 비즈니스 모델도 특허를 낼 수 있다. 그래서 주변의 많은 사람들이 내게 우선적으로 비즈니스 모델을 특허로 출원해두라고 조언을 해준다. 그런데 나는 비즈니스 모델 특허에도 관심이 없다.

나는 딱 한 번 비즈니스 모델 특허를 내려고 시도한 적이 있다. 변리사에게 비싼 수임료를 지불하고 서류 작업에 많은 시간을 쏟았다. 그런데 시대와 상황은 생각보다 빨리 변한다. 특허를 받으려는 기술에 허점이 발견되었고 보완해야 할 점도 계속 나타났다. 특허 서류에 들어갈 내용은 점점 많아지고 복잡해져갔다.

나는 내 소중한 시간을 서류 작성에 허비하고 싶지 않았다. 특허에 들어가는 비용도 아깝다는 생각이 들었다.

'뭔가 잘못되어 가고 있어!'

특허를 취득하는 데 문제가 있음을 감지한 나는 즉시 방향을 틀었다. 특허 따위 없어도, 독창적이지 않아도, 혁신적이지 않아도 아이디어를 판매하는 길이 있을 거라는 예감이 들었다. 왜 이런 예감이 들었던 것일까?

우리는 시대의 천재들이 했던 말을 늘 보고, 늘 듣고, 늘 만난다.

"아무도 보지 않고, 아무도 가지 않는 길에 답이 있다."

나는 단지 이 말을 알고 있었던 것뿐이다. 그리고 과감하게 실천하기 시작했다.

아이디어를 돈으로 만드는 아이디어의 진짜 주인은 아이디어의 독창성이나 특허에 집착하지 않는다. 특허가 없어도, 독창적이지 않아도 얼마든지 아이디어를 팔아 돈으로 만들 수 있다.

다음에 이어지는 장에서는 특허를 받지 않고 독창적이지도 않은 아이디어를 판매한 내 사례를 소개한다. 함께 읽어보고 누구나 아는 아이디어도 자신만의 상품이 될 수 있다는 사실을 확고하게 인지하길 소망한다.

누구나 다 아는 아이디어도
내 상품이 될 수 있다

새로운 밀레니엄이 시작되기 전 여름이었다. 내가 굴러들어온 좋은 기회들을 걷어차고 우여곡절 끝에 인터넷 쇼핑몰이라는 사업 아이템을 찾아 막 시작할 때였다.

옛 직장 동료를 만나 저녁을 먹고 있었다. 나는 그때 멀리 있는 고향 친구로부터 결혼식 초대장을 받은 상태였다. 당시 나는 주말 동안 비행기를 타고 친구들의 결혼식에 다녀오는 경우가 많았다. 결혼 당일 신랑 신부는 인파에 파묻혀 정신없이 바쁘다. 하객들은 축의금을 내고, 단순히 참석했다며 얼굴 도장만 찍고 오는 경우가 다반사다.

그런데 나는 시간과 비용을 들여 비행기를 타고 멀리까지 가서 잠깐 얼굴만 비치고 오는 것이 사리에 맞지 않다는 생각이 들었다. 이런 결혼식 문화가 너무 형식적이고 시대에 뒤떨어졌다는 생각이 들었다. 나는 우리의 결혼식 문화를 두고 옛 직장 동료와 계속 대화를 나누었다. 그러다가 '결혼식 인터넷 중계와 축의금 인터넷 접수' 서비스가 있다면 좋겠다는 말을 꺼냈다. 이 아이디어는 직장을 다닐 때 추진했다가 보류해둔 것이었다.

동료는 듣자마자 자신에게도 당장 필요한 서비스라는 반응을 보였다. 흥분을 감추지 못한 나는 즉시 아이디어를 사업화하기로 결심했다. 다음 날부터 투자자를 찾기 위해 아이디어를 공개하기 시작했다.

그런데 이상한 일이 벌어졌다. 내가 아이디어를 설명할 때마다 자기도 똑같은 아이디어를 가지고 있다는 말을 여기저기서 듣게 된 것이다. 이런 말을 들으면 누구나 김이 빠지기 마련이다. 독창적이라고 믿었던 자신의 아이디어가 누구나 떠올릴 수 있는 평범한 아이디어라는 사실을 발견한다면 말이다.

물론 당시는 모든 서비스가 인터넷으로 옮겨가는 시기였다. 결혼식에 다니는 불편함을 겪고 있으면서 인터넷을 조금 아는 사람이라면 누구나 이런 아이디어를 낼 수 있겠다는 생각이 들었다. 사람들을 많이 만날수록 이 아이디어를 갖고 있거나 들어봤다는 사람도 늘어났다. 어느 정도 시간이 지나자 내가 가진 아이디어는 더 이상 사람들의 주목을 끌지 못했다.

벤처 캐피탈에도 찾아가보았지만, 그들은 내가 가진 아이디어를 누구나 다 아는 일반적인 아이디어로 받아들이고 있었다. 나중에 지나고 보니 이미 그 아이디어로 사업을 시작한 스타트업이 있다는 소문도 들렸다. 나는 인터넷을 검색해보았다. 정말 사이트를 개설해놓고 곧 본격적으로 사업을 시작할 것처럼 보이는 스타트업이 있었다. 그런데 자세히 살펴보니 그들은 나와 약간 다른 관점에서 접근하고 있다는 것을 알게 되었다.

나는 그대로 포기하기는 아깝다고 생각했다. 계속 투자자를 찾아 나섰다. 여러 모임에 다니면서 엔젤 투자자와 벤처 캐피탈을 찾아 제안하고 또 제안했다. 하지만 매번 거절 당했다. 내 아이디어는 이제 모두가 아는 그런 평범한 아이디어였던 것이다.

그러던 중 어떤 선배와 대화를 나누다가 당시 한국 최고의 벤처 스타였던 한글과컴퓨터 창업자인 드림위즈 이찬진 대표가 젊은 창업자를 찾고 있다는 소식을 들었다. 나는 이찬진 대표에게 메일을 보냈고, 다음 날 그의 사무실로 찾아갔다. 이찬진 대표는 회의실에 관련 직원들을 불러 모았다. 나는 어색하고 수줍어하며 내 아이디어를 더듬더듬 설명했다. 이찬진 대표는 잘 들었으니 돌아가서 기다리라고 말했다.

나는 무슨 말을 어떻게 했는지 기억도 못 한 채 인사를 마치고 집으로 돌아왔다. 다음 날 이찬진 대표가 비서를 통해 연락을 주었다. 내게 투자하기로 결정했으니 다시 회사로 찾아오라는 것이다. 이찬진 대표는 한 시간도 안 되는 짧은 시간 동안 나를 만나보고는 흔쾌히 투자를 결정했다.

마이크로소프트의 MS워드가 유일하게 점령하지 못한 시장이 한국의 워드프로세서 시장이다. 한국의 워드프로세서 시장은 지금도 한글과컴퓨터와 마이크로소프트가 대등하게 겨루고 있다. 그런 한글과컴퓨터의 창업자인 이찬진 대표의 투자를 받게 됐다는 것은 참으로 운이 좋은 사건이다.

그가 투자를 하자 부정적 의사를 내비치던 벤처 캐피탈은 물론, 많은 개인 투자자도 쉽게 뒤따랐다.

투자금이 들어오자 나는 여기저기서 최고의 인재를 스카우트했고, 최고의 팀을 구축했다. 웨딩사업팀은 많은 시행착오를 거치며 인터넷 공간에 서비스를 구축했다. 그것을 보고 또 투자 제안이 들어왔다. 나는 웨딩사업팀을 별도 법인으로 분리하기로 결정했다. 그리고 마침내 '아이웨딩'이라는 이름으로 새로운 웨딩 벤처기업을 출범시켰다.

이후 아이웨딩은 듬직하고 유능한 경영진을 만났다. 많은 시련을 슬기롭게 넘기고, 비즈니스 모델도 변화시키면서 현재 한국의 대표적인 웨딩기업이 되어 나날이 성장하고 있다.

나중에 이찬진 대표를 만나 내게 투자한 이유를 물었다. 그는 자신의 네트워크를 최대한 활용해 하루만에 나에 대한 평판을 조사했다고 했다.

특히 내가 다녔던 전 직장의 동료들과 상사들에게 전화해서 내가 어떤 인물인지 물어보았다고 했다. 나는 그 말을 듣고 뜨끔했다. 나는 성실성과는 거리가 먼 문제 사원이었기 때문이다.

나는 조직에 순응하는 스타일이 아니었다. 내성적이고 소심하지만 가끔씩 돌출행동을 해서 상사와 충돌하고, 조직에 문제를 일으키곤 했다. 이런 나에게 좋은 평가를 할 사람은 극히 드물 것이다. 물론 나를 인정하는 소수의 사람들이 있었지만 대다수는 악평을 한다는 것을 잘 알고 있었다. 이찬진 대표도 분명 나에 대한 안 좋은 이야기를 많이 들었을 것이다.

이찬진 대표는 살며시 미소를 지으며 호평보다는 악평을 더 많이 들었다고 시인했다. 내가 상당히 문제가 많은 청년이라는 것도 알고 있다고 했다. 그런데 바로 그것 때문에 내게 투자하기로 결심했다고 말했다. 환경에 순응하지 않는 정신을 높게 평가한 것이다. 주변의 반대를 무릅쓰고 자신이 하고 싶은 일을 추진하는 모습을 인정한 것이다.

이찬진 대표는 내가 가진 아이디어가 좋은지 아닌지에 대해서는 한마디도 하지 않았다. 아이디어를 누가 최초로 생각했는지, 이미 사업을 시작한 사람이 있는지에 대해서도 묻지 않았다. 중요한 것은 아이디어를 실행하는 사람이지, 아이디어 자체가 아니라는 것을 그는 경험으로 알고 있었다.

당시 '인터넷을 활용한 웨딩'이라는 아이디어는 특별하지 않았을 뿐만 아니라, 관심 있는 모든 사람들이 품었던 일반적인 생각이었다. 독창성과 혁신성과는 거리가 멀었다.

나는 누구나 다 알고 있는 평범한 아이디어를 팔아 우리나라 최고 웨딩기업의 설립자가 되고, 창업멤버가 되었다. 참으로 행운이 아닐 수 없다. 여기서 또 하나 정리해보자.

독창적이지 않은 아이디어도 판매할 수 있다. 혁신적이지 않은 아이디어도 판매할 수 있다. 누구나 다 아는 아이디어도 판매해 돈으로 만들 수 있다.

아이디어를 판매해 수익을 거두는 사람은 누구일까? 그 사람은 아이디어를 최초로 생각한 사람이 아니다. 아이디어의 특허를 가진 사람도 아니다. 그 사람은 바로 아이디어를 실현하려고 쉬지 않고 뛰어다니는 사람이다.

유망한 엔젤 투자자나 벤처 캐피탈이 찾는 것은 특별한 아이디어가 아니다. 독창적이거나 혁신적인 아이디어가 아니다. 그들이 찾는 것은 특별한 사람이다. 그들은 너무나 잘 알고 있다.

멍청한 창업가는 특별한 아이디어를 가지고도 평범하게 실패하고, 현명한 창업가는 평범한 아이디어를 가지고도 특별하게 성공시킨다

아이디어를 판매하는 데에 있어서도 마찬가지다. 판매자가 평범하다면 아이디어가 특별해도 팔 수 없고, 판매자가 특별하다면 아이디어가 평범해도 팔 수 있다. 꼭 기억하라.

아이디어를 돈으로 만드는 아이디어의 진짜 주인은 아이디어를 실현

하려고 미친 듯이 뛰어다니는 사람이다.

나는 지금까지 특허를 받는 것이 아이디어 판매의 선행 조건이 아님을 강조했다. 그러나 이 주장이 특허제도가 무용지물이라거나 특허를 받는 행위 자체를 무시하는 뜻으로 받아들여지지 않기를 바란다. 사실 많은 기술기업에게 특허는 사업을 유지하고 확장하는 데 필수불가결한 조건이다.

특허로 거대한 부를 창출하는 개인과 기업도 많다. 특허를 효율적으로 생산하는 자본과 기술이 있는 개인과 기업은 당연히 특허를 잘 활용해야 한다.

내가 우려하는 것은 특허를 효율적으로 생산하는 자본과 기술이 없는 개인들이 그들의 전략을 따라 하는 것이다. 자본과 기술이 부족한 개인이라면 다른 생각을 갖고, 다른 전략을 따라야 한다. 그것은 강자들의 룰을 버리고 새로운 룰을 만드는 것이다.

미친 듯이 뛰어다니는 특별한 사람이 아이디어를 돈으로 만드는 아이디어의 주인이다. 그럼 '미친 듯이 뛰어다닌다는 것'은 어떤 의미일까? 은연중에 내 자랑하는 것 같아서 대단히 부끄럽지만, 누구나 다 아는 아이디어를 판매한 사례를 몇 가지 더 다루면서 이 부분에 대해 말해보겠다.

04 하루에 소설 한 편 쓰기

하루만에 책쓰기 미션데이에 처음 참석한 젊은 여자분이 있었다. 그는 내 옆자리에 앉아 책을 쓰고 있었는데 진도가 잘 나가지 않는 듯했다. 쓰다 말고 멍하니 앉아 있는 모습이 자주 눈에 띄었다.

나는 그에게 어떤 책을 쓰기에 그러느냐고 물었다. 그러자 그는 "소설을 쓰고 싶은데, 무얼 써야 할지 모르겠어요"라고 말했다.

나는 그에게 "소설을 쓰려면 미리 줄거리를 생각해 와야지요"라고 말했다. 그리고 그에게 "혹시 내일 시간이 된다면 제가 있는 곳으로 오셔서 흥미로운 소설 사업에 대해 얘기를 나누면 어떨까요?"라고 말했다. 그는 기꺼이 그렇게 하겠다고 대답했다.

다음 날, 그는 내가 사는 곳으로 찾아왔다. 나는 그에게 이렇게 말했다.

"사실은 저도 소설을 써보고 싶습니다. 그런데 소설을 써본 적이 없어서 등장인물을 어떻게 정해야 할지도 모르겠고, 이야기 전개도 어떻게 해야 할지 모르겠습니다. 누군가 등장 인물과 흥미로운 줄거리를 제공해준다면 한결 쉽게 쓸 수 있을 것 같습니다만….”

그는 처음 소설을 쓰는 입장이라 전적으로 내 말에 동의한다고 말했다. 나는 이어서 이렇게 말했다.

“당신에게도 소설 줄거리가 필요하고 제게도 소설 줄거리가 필요한 것을 보면 많은 소설가 지망생도 그렇지 않을까요? 그래서 말인데, 매일 소설 줄거리 한 편을 창작해서 소설가 지망생에게 판매하는 사업을 진행해보면 어떨까요?”

그는 좋은 아이디어라고 맞장구를 쳤다. 그러고는 “그럼, 매일 소설 줄거리 한 편을 누가 창작하죠?”라고 내게 물었다. 나는 그 말에 “바로 당신이 그 일을 하면 됩니다”라고 대답했다. 그는 멈칫하고 놀라서는 “어떻게 제가 그 일을 할 수 있다고 생각하세요?”라고 물었다.

그 말에 나는 빙긋 웃으면서 이렇게 되물었다. “당신은 소설을 쓰겠다고 결심했고, 어제 하루종일 머리를 쥐어짜면서 소설을 한 편 썼습니다. 당신이 보기에 많이 엉성하고 짧아도 소설책 한 권을 써내셨습니다. 그런데 소설책 한 권을 완성하는 것이 쉬울까요? 아니면 소설 줄거리만 종이 한 장으로 쓰는 것이 쉬울까요?” 그러자 그는 “당연히 소설 줄거리만 한 장 쓰는 것이 쉽지요”라고 대답했다.

“네, 맞습니다. 소설 줄거리 한 장이 훨씬 쉽습니다. 하루종일 소설책 한 권을 쓴다면 몇 시간만에 소설 줄거리 하나는 완성할 수 있습니다. 저는 당신이 하루에 한 편씩 소설 줄거리 한 장을 쓰는 것이 당연히 가능하다고 생각합니다. 처음에는 어려울 것입니다. 그러나 계속하다 보면 점점 쉬워지고, 나중에는 익숙해질 것입니다. 제 말을 믿고 일단 도전해보세요. 하다가 힘들면 제게 도움을 요청해도 됩니다.”

그는 잠시 생각하더니 “도전해보겠습니다”라고 말했다. 다음 날부터 그는 매일 한 편의 소설 줄거리를 창작해서 내게 메일로 보내주었다. 처음에는 종이 한 장으로 짧았지만 점점 내용이 길어졌고 정교해졌다. 장르도 점점 다양해졌다. 나중에는 세상에 존재하는 모든 장르의 소설 줄거리를 두루두루 써주었다.

정말 그는 매일매일 한 편씩 소설 줄거리를 보내주었다. 한 달이 가고, 두 달이 지났을 때 나는 그에게 다시 만나자고 했다. 그에게 '이야기제국'이라는 이름의 소설가 양성 사업 아이디어를 제안했다. 그는 나의 제안을 받아들이고 나의 아이디어를 구매했다.

그는 아이디어에 대한 값으로 첫해는 수익의 50퍼센트를, 다음 해는 30퍼센트를 지불해주었다. 나는 그의 첫 번째 고객이 되어 100만 원을 지불했고, 그의 도움을 받아 소설가로 데뷔했다.

이후 그는 1년 동안 매일 한 편씩 다양한 소설 줄거리를 보내주었다. 지금은 완전히 독립해 소설가 양성 사업을 활발하게 진행하고 있다.

나는 어떻게 이 아이디어를 팔 수 있었을까?

나는 소설은커녕 소설 줄거리도 써본 적 없지만 그가 매일 소설 줄거리 한 편을 쓸 수 있음을 알았고, 그것이 많은 사람에게 도움을 줄 거라고 확신했다. 그는 내가 주는 확신을 사서 자기 것으로 만들었고, 그대로 실천했다.

05 스펙 보지 않고 소개팅하기

버터플라이인베스트먼트 회원 중에 유명 기업을 퇴사하고 창업을 준비 중인 여자분이 있었다. 버터플라이인베스트먼트가 제공하는 많은 아이디어를 제공받고 관련 강의를 들었지만 그는 선뜻 사업 아이템을 정하지 못했다.

나는 그를 만나 창업 상담을 하면서 그에게 맞는 창업 아이템을 추천해주기로 마음먹었다. 나는 창업 상담을 할 때 주로 당사자가 현재 갖고 있는 문제가 무엇인지 물어본다. 그에게도 같은 질문을 했다. 그러다가 결혼과 연애에 대한 이야기가 나왔다. 그는 자신과 잘 맞는 상대를 만나 결혼을 하는 것이 현재 절실한 문제라고 했다.

나는 이 문제를 해결하기 위해 그동안 어떤 노력을 했는지 물었다. 그는 이성교제에 대한 자신의 철학을 이야기했고, 기존 결혼정보회사의 시스템으로는 그것을 해결할 수 없다고 말했다. 그는 너무 조건만 따지는 현재 결혼문화의 폐단을 조목조목 설명해주었다. 그의 설명을 들어보니 공감이 되었다. 나는 그에게 "공감이 갑니다. 그 문제를 누군가가 해결해줄 거라 기다리지 말고 직접 해결하시면 어떨까요?"라고 말했다.

나는 그 자리에서 서로의 스펙을 철저히 가리고 소개팅을 해주는 사업에 대해 자세히 설명해주었다. 기존 결혼정보회사는 스펙을 세세하게 따진 후 조건에 맞는 최적의 상대방을 찾아준다. 이런 방식이 일반적인 이유는 다수의 소비자가 상대방의 조건을 따져보기를 원하기 때문이다. 나는 이 방식에 질린 소수의 소비자도 상당수 있다고 판단했고, 그런 소비자를 대상으로 한 사업이 필요하다고 생각했다. 그리고 사업을 추진하는 사업가가 그런 소비자 중 한 사람이라면 사업을 즐기면서 할 수 있을 거라고 말했다.

그는 그 자리에서 내 제안을 받아들였다. 학력, 직업, 종교, 나이 등 모든 스펙을 철저히 가리고 취향과 취미 등 라이프 스타일만 공개하며 만나는 아주 특별한 소개팅 사업이 시작된 것이다. 그는 이 사업의 이름을 '더커피클럽'으로 정하고 선 매출을 만들었다. 그리고 법인을 설립하고 홈페이지를 열었다.

그는 버터플라이인베스트먼트 회원이었기에 이 아이디어를 알고 있었다. 하지만 알고 있다고 아이디어는 아니다. 스스로 하고 싶고, 스스로 할 수 있어야 진짜 아이디어인 것이다. 그는 나와의 상담을 통해 이 아이디어를 진짜 자기 것으로 만들었다. 그는 초기에 버터플라이인베스트먼트의 힘을 빌리는 조건으로 아이디어를 구매했다. 그리고 첫해에는 수익의 50퍼센트를, 두 번째 해에는 수익의 30퍼센트를 버터플라이인베스트먼트와 공유했다. 지금은 완전히 독립해 자신만의 길을 가고 있다.

나는 어떻게 이 아이디어를 팔 수 있었을까?

나는 적어도 열 명 중에 한 명은 이런 서비스가 필요하다고 확신했다. 설사 100명 중 한 명만 원하더라도 시장성이 충분하다고 생각했다. 그는 나의 확신을 사서 자기 것으로 만들었고, 그대로 실천했다.

06 악당들의 역적모의 모임 만들기

패기가 넘치는 젊은 청년을 만났다. 그는 얼마 전 직장을 퇴사하고 자신만의 특별한 창업 아이템을 찾고 있다고 했다. 그동안 많은 창업 서적을 읽다가 버터플라이인베스트먼트와 나의 존재를 알게 됐다고 했다. 알고 보니 그는 버터플라이인베스트먼트 창업 멤버십에 가입하고 나서 나의 강의를 들으러 온 것이다.

그와 대화를 나눠보니 그는 의욕이 넘쳤고 행동할 줄 아는 실행파였다. 나는 그에게 무엇이든 마음에 드는 아이템을 정해 즉시 시작하라고 말했다. 그런데 의외로 그는 움직이지 않았다. 나는 그에게 어울리는 창업 아이템을 몇 개 추천해주었다. 그는 선뜻 응하지 않았다. 그 후 한두 달이 지나 그가 조용히 나를 만나자고 했다. 그는 내게 자신이 하고 싶은 일을 조심스럽게 말해주었다.

나는 깜짝 놀랐다. 그가 꺼낸 아이템은 그동안 한 번도 들어보지 못한 아주 특별한 아이템이었다. 아니, 특별하기보다 이상하다고 해야 옳은 말이다. 그가 원하는 사업은 일반적인 정서에서 많이 벗어나 있었다. 대중들이 싫어하는 아이템이었고, 비난당할 수도 있는 위험한 사업이었다. 그는 한마디로 악당이 되고 싶어 했다. 그리고 악당들을 모아 매일 신나고 위험한 이벤트를 만들고 싶어 했다.

나는 틀에서 벗어나 있는 사람을 아주 특별하게 여긴다. 그런 사람은 내게 자극을 주는 아이디어의 근원이 되기 때문이다. 나는 그를 자주 만났다. 만남이 거듭될수록 그가 어린아이 같은 순수한 마음을 가지고 있으면서 모험을 좋아하는 사람임을 알게 되었다. 나는 '해적'이라는 말을 좋아한다. 나에게 해적은 자유를 상징하는 말이다. 그리고 해적은 악당이다. 나는 그에게 악당들의 신나는 세상을 만들어보자고 제안했다. 그리고 '후크인터스텔라'의 비즈니스 모델에 대해 자세히 설명했다.

나는 사회에서 환영받지 못하는 꼴찌, 신용불량자, 전과자 등을 위한 사업놀이터가 필요함을 느꼈고 이에 대한 사업 청사진을 만들어두고 있었다. 꼴찌, 신용불량자, 전과자들도 사회의 일원이다. 그들도 당당하게 경제활동을 하는 토대를 만들어주어야 한다. 하지만 그들이 추진하는 사업이 정상적으로 보이지는 않아도 불법이어서는 안 된다. 그에게 이 아이디어를 설명하자 그의 눈빛이 달라지고 그의 심장이 빨리 뛰는 느낌이 들었다.

그는 그 자리에서 이 아이디어를 실현해보고 싶다고 말했다. 나는 그와 함께 '후크인터스텔라주식회사'를 설립했다. 그는 아이디어 제공의 대가로 수익의 30퍼센트를 내게 주기로 약속했다. 후크인터스텔라는 매주 '악당들의 역적모의' 모임을 열면서 C급 인생들과 함께 C급 사업을 펼치고 있다.

나는 어떻게 이 아이디어를 팔 수 있었을까?

나는 이 사업이 필요함을 확신했고, 그가 이 사업의 적임자임을 확신했다. 그는 내가 주는 확신을 사서 자기 것으로 만들었고, 그대로 실천했다.

3장

아이디어를 팔기 위해
가장 먼저 해야 할 일

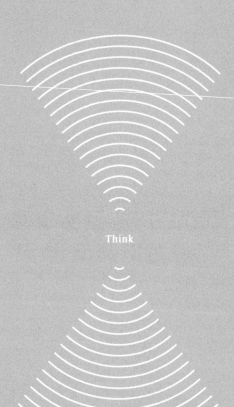

Think

거절에 대한 내성을 기르라

아마 1998년 가을 아니면 1999년 봄이었을 것이다. 내가 직장을 퇴사하고 사업을 막 시작할 때였다. 당시에 교제하던 여자 친구와 함께 처음으로 용인 에버랜드에 놀러갔다. 알다시피 에버랜드는 삼성이 운영하는 한국에서 가장 유명한 테마파크다.

나는 예전에 일본에 있는 디즈니랜드에 가보았고, 디즈니랜드만의 판타지에 감탄했다. 한국에 있는 테마파크는 디즈니랜드와 차마 비교할 수 없을 정도로 낮은 수준일 거라 생각했다. 그런데 처음으로 놀러간 에버랜드는 내 예상을 보란 듯이 깨주었다. 디즈니랜드 못지않은 감동을 주는 환상의 세계였다.

당시는 내가 대박 게임을 놓친 뼈아픈 실수를 인지하기 시작할

즈음이기도 했다. 게임에 대한 관심이 대뇌 한구석에서 막 싹트고 있었다. 그래서인지 나는 에버랜드를 보자마자 이를 그대로 온라인으로 옮겨 아바타 게임으로 만들면 좋겠다는 생각이 들었다. 그 순간 메모 한 장 없이 곧바로 담당 부서를 물어물어 찾아갔다.

사무실에서 만난 한 젊은 사원이 나를 막아서면서 내 행색을 위아래로 훑어보았다. 나는 그때 촌티 나는 청바지와 면티를 입고 있었다. 틀림없이 그 직원은 나를 정신 나간 얼뜨기라고 생각했을 것이다. 그는 내게 무슨 이유로 왔는지 떨떠름한 표정으로 물었다. 나는 좋은 아이디어가 있어서 제안하러 왔다고 말했다. 그러자 그 사원은 자신에게 먼저 아이디어를 설명해보라고 했다. 나는 그 자리에 선 채로 그에게 내가 생각한 온라인 아바타 게임 아이디어에 대해 설명해주었다. 내 설명을 들은 사원은 그런 아이디어라면 자기도 알고 있고, 에버랜드의 모든 직원들도 공유하고 있다고 말했다. 그러더니 다짜고짜 나를 건물 밖으로 밀쳐냈다. 나는 어안이 벙벙했다. 기분이 상해 건물 밖에서 하염없이 서 있었다.

나는 내 아이디어를 알고 있다는 그의 말이 사실인지 궁금했다. 그의 말이 거짓일 거라는 생각도 들었지만 무엇보다 머릿속이 혼란스러웠다. 그 말이 사실이든 나를 쫓아내기 위한 구실이든 눈앞의 현실은 결코 유쾌하지 않았다. 나는 찝찝한 기분에 휩싸였다. 그리고 서울로 돌아오는 버스 안에서 곰곰이 생각해보았다.

많은 인재들이 모여 있는 대기업이기에 미래를 내다보고 사업을 기획하는 미래전략팀도 있을 것이다. 그 팀에서는 당연히 온라인 게임도 미래 먹거리 중 하나로 고려하고 있을 거란 생각이 들었다. 그러자 그 사원의 말이 사실일 거라는 쪽으로 마음이 기울었다.

나를 쫓아낸 그 사원이 새삼 이해되기 시작했다. 내가 그였다고 해도 이상한 촌뜨기 같은 놈을 함부로 들였다간 팀장이 경칠지 모른다는 걱정을 했을 것이다. 나라도 똑같은 행동을 했을 것이다.

그런데 여전히 내 기분은 개운해지지 않았다. 그의 말이 사실인지 정확히 확인해보고 싶은 마음이 더 간절해졌다. 만약 그의 말이 사실이라면 자기들이 이미 알고 있다는 온라인 아바타 게임 사업이 어느 정도로 진행되고 있는지 확인하고 싶었다.

그다음 주에 나는 반듯하게 차려입고 다시 에버랜드에 찾아갔다. 문 앞에서 서성이다 나이가 들어 보이는 다른 직원을 만나 미팅을 요청하고 지난주에 들었던 사실에 대해 캐물었다. 그는 내부에서 관련 아이디어가 나온 것은 사실이고, 이런저런 이유로 인해 현재는 해당 사업을 진행하지 않는다고 말했다. 덧붙여서 언제 진행할지도 알 수 없다고 말했다.

그의 설명에 따르면 그러한 콘셉트의 게임을 만들기 위해서는 고도의 기술력과 다양한 인재와 막대한 자금이 필요하다고 했다. 또한 개발이 완료되기까지 상당한 시간과 시행착오도 소요될 것으로 예측했다고 한다. 그래서 결국 진행할 수 없는 사업으로 결론지었다는 것이다. 나는 다른 직원도 만나보았다. 직원들의 대답은 하나같이 프로젝트를 진행하기에는 문제가 있다는 말만 거듭했다. 한마디로 에버랜드 직원들은 모두 그 아이디어를 지금 실현할 수 없다고 변명할 뿐이었다. 내부 직원들의 설명을 들은 나는 그들의 말을 납득할 수 없었다. 일을 진척할 수 없다고 결론을 내린 것을 어떻게 아이디어라고 할 수 있을까? 이런 것은 망상이지 아이디어가 아니다.

나는 집으로 돌아와 그 일을 지금 실행할 수 있는 이유를 글로 정리했다. 그다음 주에 또다시 에버랜드에 찾아갔다. 직원들을 만나 당장 프로젝트를 추진할 수 있음을 밝혔고, 문제가 될 것은 하나도 없다고 설득하기 시작했다. 이후 정확히 몇 번을 더 찾아갔는지 기억나지 않는다. 나는 시간이 날 때마다 에버랜드에 찾아가서 직원들을 설득했다. 그러기를 반복하며 수개월이 지났다. 마침내 내 뜻이 수용되었다. 그 과정에서 운도 겹쳤다.

삼성에버랜드의 대표이사가 '세계 최대의 온라인 게임 테마파크' 사업을 시작한다고 언론에 발표한 것이다. 나는 해당 사업의 아이디어를 제공한 대가로 삼성에버랜드와 관련 기업들로부터 수천만 원을 받게 되었다. 나는 그때의 통쾌함을 지금도 잊을 수가 없다.

그 후 삼성에버랜드 내부에서 해당 사업을 위한 태스크포스팀이 결성되었고, 별도 법인도 설립되었다. 게임을 개발하기 위한 관련 기업들의 컨소시엄이 결성되었고, 1년여 뒤에는 '게임에버랜드'라는 이름의 새로운 온라인 아바타 게임이 정식으로 런칭되었다. 그 후 이 게임은 몇 년간 서비스를 하다 정확히 알 수 없는 내부 사정으로 인해 아쉽게도 사업 자체가 철수됐다.

내가 온라인 아바타 게임 아이디어로 그리 큰돈을 번 것은 아니지만, 젊은 날에 의미 있는 경험을 쌓았다. 아이디어 판매에 대한 중요한 원칙 하나도 덤으로 얻었다. 내가 에버랜드에 판 것은 무엇일까? 분명 그것은 아이디어다. 그런데 그 아이디어는 나만의 독창적인 아이디어가 아니었다. 에버랜드의 모든 직원들이 알고 있었다. 나로선 아주 통쾌한 결과를 얻었지만, 에버랜드의 입장에서는 이것은 정말 이상한 일이다. 에버랜드의 모든 직원들이 알고 있는 아이디어를 외부의 제3자로부터 산 것이기 때문이다.

이 사례를 통해 우리는 아이디어 판매에 대해 중요한 사실을 확인할 수 있다. 아이디어를 알고 있다고 해서 아이디어를 가진 것이 아니다. 갖고 있지만 실행할 수 없다고 판단한 아이디어는 죽은 아이디어다. 안 되는 이유를 말하는 사람은 아이디어맨이 아니다. 진정한 아이디어맨은 되는 이유를 끊임없이 말하는 사람이다.

아이디어를 돈으로 만드는 아이디어의 진짜 주인은 아이디어가 실행 가능한 이유를 끊임없이 말하면서 아이디어를 살아나게 한다.

어떤 아이디어든 문제가 있기 마련이고, 부정적으로 바라보면 그런 문제는 계속 발생하고 또 계속 커져만 간다. 그런데 아이디어를 긍정적으로 바라보면 아이디어에서 발견되는 모든 문제는 곧 강점으로 변하고 그 강점은 점점 더 커진다.

아이디어를 파는 사람은 아이디어의 실행을 상상으로 시뮬레이션하면서 문제를 찾고 계속 대안을 찾는 연습을 해야 한다. 이때 발생되는 문제를 문제로만 보지 말고, 그 문제로 인해 반드시 더 큰 기회가 있음을 확실하게 인지해야 한다. 한마디로 아이디어를 팔아 돈으로 만드는 사람은 아이디어의 해결책을 미리 찾아 대응하는 사람이다. 그들이 해결책을 찾는 방법은 너무나 단순하다.

해결책이 반드시 있다! 그리고 그 해결책은 의외로 더 쉽다!

이 두 가지 믿음을 가지고 모든 문제를 해결한다.

나는 아이디어가 처음부터 환영받지 못한다는 것을 알고 있다. 나오자마자 모두에게 환영받는 아이디어는 파급효과가 작을 수밖에 없다. 그래서 그런 아이디어는 진짜 아이디어가 아니라는 생각을 갖고 있다. 세상을 바꾼 위대한 아이디어는 대부분 처음에는 주류로부터 무시당하거나 또는 격렬한 반대에 부딪히면서 탄생했다. 아이폰이 등장할 때 기존 휴대전화 제조사들은 아이폰이 찻잔 속의 태풍으로 그칠 거라고 예상하고 무시했다.

아이디어맨은 자신이 추진하는 아이디어가 무시당하거나 반대에 부딪히는 것을 당연하게 여겨야 한다. 만약 아이디어가 처음부터 쉽게 받아들여진다면 이것을 오히려 염려해야 한다. 시련과 악역이 없는 영화는 재미도 없고, 감동도 없다. 마찬가지로 거절과 반대가 없는 아이디어는 만족도 없고, 성취감도 없다.

거절과 반대가 두려워서 제안을 못 한다는 사람들이 있다. 이런 마인드로는 아이디어맨이 될 수 없다. 진정한 아이디어맨이 되고 싶다면 이제부터 거절과 반대를 즐겨야 한다. 거절과 반대가 적다면 아이디어를 조정해서 거절과 반대가 적정하게 많아지도록 해야 한다.

찾아가고 제안하는 일을 일상화하라

내 강의에서 에버랜드 에피소드를 꺼내면 대체로 수강자들의 눈빛이 달라진다. 마치 나를 외계인이나 괴물처럼 생각하는 것이다. 아이디어가 생각난 즉시 사무실로 찾아가고, 매번 쫓겨나면서도 몇 번이고 찾아가서 직원들을 설득하는 내 모습을 상상하면 내가 평범함과는 확실히 거리가 먼 사람처럼 보일 것이다. 그런 미친 용기와 미친 끈기가 어떻게 나오는지 모두 의아한 표정으로 나를 바라본다.

맞다. 나는 미친 듯이 뛰어다닌다는 표현이 딱 맞는 사람이다. 아이디어를 판매하는 사람은 평범함과는 거리가 멀어야 한다. 미친 용기와 미친 끈기가 있어야만 아이디어를 팔 수 있다.

그럼 미친 용기와 미친 끈기는 어떻게 기르는 걸까? 전설적인 사업가들의 스토리를 듣고 조금씩 흉내 내는 것으로도 충분히 가능하다. 나는 소프트뱅크 손정의 회장의 전기를 읽고 큰 감명을 받았다. 미국으로 유학을 가서 고등학교를 일주일 만에 수료하는 과정을 보면서 엄청난 충격을 받았다. 어떻게 일주일 만에 고등학교 과정을 마칠 수 있을까? 손정의 회장은 그 어린 나이에 상상도 불가능한 계획을 세우고 초인적인 의지와 집념으로 자신의 뜻을 관철시켰다.

입학한 지 일주일 만에 졸업을 시켜달라니. 이게 상상이나 할 수 있는 일인가. 상상은 할 수 있다고 해도 실현 가능하다고 생각할 수 있는 일인가. 실현 가능하다고 해도 실제로 실천하는 데는 엄청난 용기가 필요하다. 또 용기만 있다고 되는 일도 아니다. 굳은 의지와 확신이 뒷받침되어야만 가능하다.

하지만 어린 손정의는 가능하다 믿었고 가능하게 만들었다. 담임 선생님을 시작으로 자신과 관계된 모든 사람들을 설득해 자신의 뜻을 관철시켰다. 학교 관계자들은 태평양을 건너온 어린 동양인 소년의 눈에서 무엇을 본 것일까? 아마도 마법 같은 집념을 보았을 것이다. 그리고 그 집념에 감동했을 것이다.

나는 내 예상을 벗어나는 인물을 '의외의 인물'이라고 말한다. 손정의 회장 또한 내게 의외의 인물이다. 이런 의외의 인물을 우리는 언론과 책에서 늘 만난다. 대부분 이런 의외의 인물을 예외라고 생각해버리고 자기와는 별개라고 치부한다.

하지만 아이디어맨이나 아이디어를 파는 사람이 되기 위해서는 이런 의외의 인물을 만날 때마다 "옳구나!" 하면서 기존의 생각을 하나하나 버려야 한다. 의외의 인물을 생각의 중심에 세우고 행동을 조금씩 바꿔가야 한다.

스티브 잡스 또한 의외의 인물이다. 〈잡스〉라는 영화에는 그에 관한 충격적인 일화가 등장한다. 애플 창업 초기 그는 투자를 받기 위해 며칠이고 방에 틀어박혀 지인들에게 전화를 돌렸다. 심지어 같은 사람에게 수백 번 전화해 설득하기도 했다. 그리고 마침내 투자를 받아냈다.

우리는 누군가에게 요청하고 부탁하는 것을 두려워한다. 나도 그랬다. 특히 세일즈를 할 때 두려움을 많이 느낀다. 처음 보는 사람에게 내 물건을 사라고 말해야 하고, 내 물건에 관심 없는 사람에게 물건을 사라고 말해야 하는 것은 양심에도 찔리고, 때론 죄를 짓는 느낌마저 든다. 게다가 거절이라도 당하면 낙담해 풀이 죽는다. 그런 거절이 한 번이 아니고, 수십 번 또는 수백 번 연속으로 일어난다면 정말 견디기 어려운 고통일 것이다.

그래서 세일즈는 대부분의 사람에게 두려움을 주고 회피하고 싶은 대상이 된다. 하지만 세일즈를 두려워하는 사람은 진정한 사업가가 될 수 없고, 아이디어를 팔아 돈으로 만들 수도 없다. 아이디어를 제안하고, 내 의지를 관철하는 것 역시 세일즈다. 나는 이 사실을 알고 세일즈를 게임처럼 즐기게 되었다.

내가 수학학원을 운영할 때 겪은 일이다. 보통 오후 늦게 수업이 시작되기 때문에, 아이들이 학교에 가 있는 시간에는 학원이 아주 한가롭다. 내가 무료하게 학원에 앉아 있으면 다양한 영업사원들이 찾아오곤 했다. 보험 영업자, 카드 영업자, 자동차 영업자 등 참으로 다양한 영업사원이 학원을 방문했다.

하루에도 여러 영업사원이 방문하기에 나는 무조건 "관심 없어요" 하면서 문전박대를 한다. 그런데 어느 날 어떤 사람이 상냥하게 인사하며 "내일 또 오겠습니다" 하고 나간다. 그 사람이 다음 날 또 방문하면 나는 또다시 문전박대한다. 그 사람이 또다시 "내일 또 오겠습니다" 하고 나간다. 그제야 나는 마음속으로 10일 연속으로 오면 그 사람의 고객이 되겠다고 결심한다. 그런데 막상 10일 연속으로 학원을 찾는 사람을 보지는 못했다.

앞서 말했던 광고회사 입사 이야기를 다시 꺼낼 시간이다. 나는 그 회사의 입사시험에 떨어지고 나서 연속으로 5일을 찾아가서 입사 허락을 얻어냈다. 에버랜드는 열 번 넘게 찾아가서 아이디어를 팔았다. 거절을 거절이라 생각하면 기회를 잡을 수 없다. 거절을 당할 때마다 결과에 점점 가까이 다가가고 있음을 알고 기쁘게 받아들여야 한다.

스티브 잡스가 같은 사람에게 200번 전화를 하고 투자를 받아낸 이야기에서 나는 그가 역시 보통 인물이 아니라는 것을 느꼈다. 그리고 그의 이야기를 희망적인 교훈으로 받아들였다. 더 많이 찾아가고, 더 자주 부탁하는 것은 천재에게만 부여된 특권이 아니라, 누구나 할 수 있고, 나와 당신도 할 수 있는 일이기 때문이다.

손정의 회장이 대학생 때 일본 대기업에 아이디어를 팔았다는 이야기를 흥미롭게 들었다. 스티브 잡스가 청소년 시절에 휴렛팩커드 사장의 집에 직접 전화해서 필요한 물건을 받았다는 이야기도 흥미롭게 들었다. 아이디어를 파는 사람이 되려면 이런 이야기를 남의 일처럼 흘려듣지 말고 작은 것부터 하나하나 실천해봐야 한다.

궁금한 것을 묻어두지 말고 즉시 질문하고, 하고 싶은 것을 미루지 말고 즉시 실행하는 연습을 꾸준히 해야 한다. 만약 만나고 싶은 사람이 있다면 즉시 연락해보는 연습도 해야 한다. 그 과정에서 주변으로부터 엉뚱하다는 소리를 듣게 될 것이다. 이런 말을 자연스럽게, 그리고 기분 좋게 들어야 한다.

나는 직장생활을 할 때 회사에 대해 궁금한 점이 있으면 직속 상사를 찾아가 직접 물었다. 직속 상사가 대답하기 곤란한 문제는 임원들이나 사장님에게 찾아가 물었다. 물론 이런 행동을 싫어하는 사람들이 있다는 것을 잘 안다. 하지만 모두에게 좋은 말을 듣는 것보다 하고 싶은 일을 하는 게 더 중요하다고 믿고 이런 오해도 기꺼이 감수해야 함을 깨달았다.

모든 사람들이 나와 같을 수는 없다. 유교문화가 강해서 유난히 나이와 직급을 많이 따지는 우리나라에서는 이런 행동을 하기가 더욱 어렵다. 즉시 질문하고 즉시 실행하는 마인드를 몸에 익히고 싶다면 지금부터 천천히 작은 데서부터 시행착오를 겪을 필요가 있다.

나의 경우, 새로운 직장에 입사할 때 그 직장에 나를 어떤 이미지로 각인시킬 것인지에 대해 미리 고민해둔다. 마케터는 소비자들에게 자신의 상품을 효과적으로 알리기 위해, 상품을 런칭하기 전에 상품의 이미지 전략을 미리 세운다. 장점으로만 구성된 상품은 있을 수 없을뿐더러 매력도 없다. 마케터는 장점과 약점을 적절히 배합해 상품의 이미지를 만든다. 특정 고객들의 호응을 기대하면서 반대 성향의 고객들에게 배척되는 것을 기꺼이 감수한다. 스스로 계획하고 예상한 것이었기에 반대 성향 소비자들의 부정적 반응에 스트레스를 받지 않는다.

직장인과 비즈니스맨들은 자기 자신이 상품이다. 원만한 직장생활, 원만한 사업진행을 위해 자기 자신과 환경을 분석해서 자신의 이미지 전략을 미리 세워두면 좋다. 모든 사람에게 좋은 사람으로 인식되는 것은 불가능할 뿐 아니라 매력을 반감시킨다. 어떤 부류의 사람에게 좋은 사람으로 인정받기를 바라면, 반대 성향의 사람들에겐 불신을 사는 걸 당연하게 생각해야 한다. 스스로 계획하고 예상한 것이기에 반대 성향 사람들의 부정적 평가에 대해 쉽게 감정을 상할 일도 없다.

대학을 졸업하고 1년간 나는 어느 중견기업에서 일했는데, 나는 그 기업에 들어갈 때 스스로를 일벌레로 브랜딩했다. 가장 일찍 출근하고, 가장 늦게 퇴근했다. 사회 초년생이라 배움의 욕구가 컸기 때문이다. 가능한 한 많은 일을 하면서 다양한 경험을 하고 싶었다. 내 이미지를 일벌레로 설정했다면 누가 나를 좋아하고, 누가 나를 싫어할지는 뻔하다. 팀장 이상 임원들은 나를 좋게 볼 것이고, 팀 내에서 같이 일하는 동료들은 나를 싫어하게 된다. 이렇게 미리 자신을 브랜딩하면 어떤 방식으로 일할지 결정하기가 용이하고, 어떤 일이 일어날지 예상할 수 있어서 행동하기도 편하다.

그 후 대기업에서 3년간 일했는데, 그곳에서는 스스로를 '게으른 혁신가'로 브랜딩했다. 담당 업무를 성실하게 수행하는 이미지를 버리고, 업무에 대해 먼저 본질을 따지며, 아닌 것은 아니라고 주장하는 캐릭터를 추구했다. 이런 캐릭터는 동료뿐만 아니라 상사들도 대부분 싫어한다. 나는 이를 알고 있었기에 대다수의 부정적 평판에 개의치 않았다. 그 덕분에 나를 부정적으로 보든 말든 상관치 않고 찾아가 제안하고 설득하는 일을 지속할 수 있었다.

반복하고 지속하면 물방울도 바위를 뚫는다. 개의치 않고 지속하면 언젠가는 부정적 시각이 긍정적으로 바뀐다. 부정적인 사람들이 하나둘 열렬한 지지자로 변한다. 나는 그렇게 해서 소수지만 열렬한 지지자를 확보할 수 있었다. 그리고 그들에게 의지해 나름 만족스럽게 직장생활을 할 수 있었다.

아이디어맨은 자신이 쓴 드라마를 자신이 연출하고, 자신이 연기하는 사람이라고 할 수 있다. 해피엔딩의 결말을 만들어놓고 감동을 극대화하기 위해 중간중간 수많은 난관을 일부러 설정해놓은 사람이다. 언젠가 드라마를 보다가 비극적 상황에서 울상을 짓는 엄마를 보고 유치원에 다니는 어린 아들이 말했다. "엄마, 저건 연기일 뿐이야. 울지 않아도 돼!" 아이디어맨은 자신이 쓴 스토리를 연기하는 것뿐이다. 결말을 알고 있기에 과정의 모든 난관을 즐길 수 있는 것이다.

자신의 장단점을 분석한다. 자신이 몸담은 직장과 사업의 환경을 분석한다. 자신의 목표를 정한다. 목표를 효과적으로 이루기 위한 자신의 이미지를 정한다. 누가 자신을 좋아하고, 누가 자신을 싫어하게 될지를 미리 예상한다. 자신을 싫어하는 사람들을 어떻게 대할지 감정적 대처 방안을 미리 마련해둔다.

아이디어를 돈으로 만드는 아이디어의 진짜 주인이 되려면 찾아가고 제안하고 설득하는 일이 일상이 되어야 한다.

이런 행동을 일상적으로 하는 사람은 반드시 미친 사람으로 보일 것이다. 미친 사람으로 보이고, 이상한 사람으로 보이는 것을 즐기는 사람만이 아이디어의 진짜 주인이 될 수 있다. 미친 척만 하면 겁도 나고 두렵지만 진짜로 미치면 두려움은 모두 설렘이 된다. 진짜로 미치면 고통도 모두 쾌감이 된다.

이제 당신도 당신이 가진 아이디어에 진짜로 미쳐보라. 아이디어에 진짜로 미친 사람만이 아이디어를 돈으로 만드는 아이디어의 주인이 될 수 있다.

아이디어에 미치라는 이야기는 미친 사람으로 보이거나 종잡을 수 없는 괴팍한 인상을 주라는 의미가 아니다. 이런 인상을 주는 사람은 혐오감만 줄 뿐, 아이디어를 실현하기 어렵다. 평범함 가운데 특별함이 보이고, 부드러움 가운데 집요함이 보이고, 조용함 가운데 열정이 자연스럽게 드러나는 사람이 미친 아이디어맨의 표본이라고 생각한다.

나는 평소에 평범하고 순응적인 인상을 준다. 말이 없는 편이고 행동은 무척 정적이다. 조직의 관행을 존중하고, 예의를 최대한 지킨다. 내가 나서야 한다고 판단한 경우에만 관행을 깨고, 누구보다 집요한 모습을 보인다. 아이디어가 아무리 훌륭해도 제안하는 사람이 상대방에게 거부감을 준다면 실현되기 어렵다.

아이디어를 제안할 때는 전체 그림을 보고 제안을 받는 상대방의 입장을 잘 고려해야 한다. 처음에는 회의나 식사 자리에서 구두로 살짝 내비쳤다가 상대방이 호감을 가지면 간단히 문서로 적어 보낸다. 그리고 나중에 직접 찾아가 대화하면서 구체적으로 설명해주면 된다.

할 수 있는 이유만 찾으면
100퍼센트 실현된다

어느 신발회사가 두 명의 직원을 아프리카에 보내어 시장조사를 시킨 이야기는 마케팅 업계에 종사하는 사람이라면 모르는 사람이 없을 것이다. 두 직원이 아프리카에서 돌아와 출장보고서를 제출했는데 완전히 반대되는 결론을 내렸다.

첫 번째 직원이 말했다.

"아프리카 사람들은 신발을 신고 있지 않았습니다. 아프리카 사람들은 신발을 안 신는 것입니다. 즉, 아프리카 사람들에게 신발을 팔기는 불가능합니다."

두 번째 직원이 말했다.

"아프리카 사람들은 신발을 신고 있지 않았습니다. 그들은 신발이 뭔지 모르는 겁니다. 아프리카 사람들에게 신발의 편리함을 알려준다면 모두가 신발을 살 것입니다."

똑같은 사실에 대해 정반대의 결론을 내리는 것이 참으로 아이러니하다. 당신은 두 직원 중 누가 옳은 판단을 했다고 생각하는가? 비슷한 예가 또 있다. 한 전자제품 회사가 알래스카에 가서 냉장고 시장조사를 하는 이야기도 태도에 따라 결론이 판이하다. 알래스카이기 때문에 냉장고를 팔 수 없다는 사원과 알래스카이기 때문에 냉장고를 더 많이 팔 수 있다는 사원의 이야기가 충돌한다.

긍정의 습관과 부정의 습관은 우리의 모든 생활에 영향을 미친다. 특히 아이디어 판매에 있어서는 극과 극의 엄청난 차이를 유발한다. 내가 경험한 사례 몇 가지를 들면서 이에 대한 부가 설명을 이어간다.

나는 2000년대 초에 일어난 닷컴버블 때 여러 사업을 진행하다 실패했다. 나와 비슷한 시기에 실패한 지인들이 많았지만 그들은 대부분 실패한 이유가 투자를 적게 받았기 때문이라고 결론을 내렸다. 사실 그들 중에는 나보다 훨씬 많은 투자를 받은 사람들도 있었는데 말이다. 나는 투자를 쉽게 받았고, 투자 받은 자금이 많았던 것이 실패의 이유라고 결론을 내렸다.

나처럼 투자를 많이 받은 것이 실패의 원인이라고 본 사람들은 무자본 또는 소자본으로 다시 사업에 도전해서 안정적이고 점진적으로 사업을 성장시킨다. 이런 사람들은 자본의 굴레에서 해방되어 자신이 하고자 하는 핵심 업무에 에너지를 집중할 수 있다.

반면, 투자를 적게 받은 것이 실패의 원인이라고 판단한 사람들은 더 많은 돈을 투자받기 위해 무리한 방법을 쓰다가 아예 재기를 못하거나 더 크게 실패하기 쉽다. 이런 사람들은 매일 자본을 구하기 위해 동분서주하고, 핵심 업무는 등한시할 가능성이 크다. 결국 악순환이 반복된다.

다행히 나는 우여곡절 끝에 무자본 창업의 가능성이 있음을 깨달았다. 일반적으로는 무자본으로 할 수 있는 사업이 없다고 알기 쉽다. 하지만 무자본으로 추진할 수 있는 사업이 있다고 믿고, 그 가능성을 1퍼센트에서부터 점점 확대해나간다면 결국 100퍼센트에 도달하게 된다.

나는 사업 실패 후 무자본 창업이 새로운 길임을 깨달았고, 그 방향에서 모든 가능성을 치열하게 찾았다. 그 결과 무자본으로 어떤 사업이든 할 수 있음을 알았고, 그것을 세상에 알리고 증명하는 것이 내 중요한 과업이 되었다. 내가 파는 아이디어는 '무자본이 가장 거대한 자본'이라는 단순한 아이디어다. 나는 이 아이디어를 팔아 돈을 만들면서 많은 사람들의 삶에 영향을 주고 있다. 이것은 1퍼센트의 가능성만 있던 아이디어가 100퍼센트의 가능성이 되어 돈을 만들어주는 사례다.

또 한 가지 사례는 책 쓰기에 관한 것이다. 나는 40세 이전까지 책을 써본 적이 없다. 책을 내는 것이 평생의 목표 중 하나였지만 40세까지는 이룰 수 없는 꿈이었다. 한동안 내가 책을 내지 못하는 이유를 곰곰이 생각해보았다.

내가 내린 결론은 책 쓰기 계획에 너무 오랜 기간을 쓴다는 것이 었다. 책 쓰기에 관해 일반적이고 굳은 고정관념 하나가 있다. 바로 오래 준비할수록 좋은 결과물이 나온다는 것이다. 나는 그 상식이 책 쓰기를 가로막는 가장 큰 방해물임을 깨달았다. 그리고 즉시 다음과 같은 새로운 가정을 세웠다.

"몰입해 하루만에 책을 쓰는 것이 가장 좋은 방법이다."

나는 하루만에 책을 써야 하는 이유와 그렇게 했을 때의 장점을 계속 찾아 나열해보았다. 집중할 수 있다, 현학적이지 않다, 솔직해 진다…. 하루만에 책쓰기가 가능한 이유는 계속 생겨났다.

하루만에 책쓰기 아이디어는 점점 선명해졌고 곧 확신으로 이어 졌다. 그리고 나는 행동에 옮겼다. 마침내 하루에 한 권을 써내기가 더 쉽다는 것을 증명했다. 나는 꿈에 그리던 작가가 되었을 뿐만 아니라 원할 때마다 책을 써내는 파워풀한 작가가 되었다.

나는 지금도 책을 쓸 때 하루만에 쓰는 것을 원칙으로 삼고 있 다. 그리고 나뿐만 아니라 다른 사람들도 이 원칙대로 하면 더 쉽게 책을 쓸 수 있다고 믿는다. 그래서 나는 이를 믿는 사람들과 함께 '하루만에 책쓰는 사람들'이라는 사업을 시작했고 많은 사람들을 하 루만에 작가로 만들어주고 있다. 이 역시 1퍼센트의 가능성만 있던 아이디어가 100퍼센트의 가능성이 되어 돈을 만들어주는 사례다.

10여 년 전에 내가 작은 도시에서 운영했던 수학학원은 일반적 인 학원의 틀을 벗어난 특별한 학원이었다. 일반적인 학원은 아이 들이 학교에서 좋은 성적을 거둘 수 있도록 돕는 학원이다. 내가 만든 학원은 학교 성적이나 입시에는 관심 없는 학원이었고, 학교 커리큘럼을 무시하는 학원이었다.

소위 아이디어를 파는 수학학원이었다. 나는 아이들이 수학을 어려워하는 이유가 공식을 외우고, 식을 써서 풀기 때문이라고 판단했다. 아이들이 사고를 하지 않고 단지 성적을 위해 기계적으로 문제를 풀다 보니 수학을 어려워하고 나중에 싫어하게 된다고 생각했다.

나는 아이들이 상상력과 생각만으로 문제를 푸는 습관을 가진다면 수학을 좋아하게 되고, 장기적으로 성적도 좋아질 거라 생각했다. 하지만 수학문제를 공식과 식을 쓰지 않고 상상력만으로 푸는 것이 가능한지가 문제였다. 처음에는 가능성이 제로에 가까웠다. 하지만 나는 아이들을 관찰하면서 가능성이 있다는 것을 깨달았고 매일매일 그 가능성을 키웠다.

그러자 곧 가능성이 1퍼센트로 커졌고, 한 달 후엔 10퍼센트로 커졌고, 6개월 후엔 50퍼센트로, 1년 후엔 100퍼센트가 되었다. 나는 즉시 일반적인 학원 개념을 걷어내고 완전히 새로운 개념의 학원을 열었다. 상상력으로 수학문제를 푸는 특별한 학원이 탄생한 것이다. 학부모들에게 공식 없이 상상력으로 수학문제를 풀 수 있음을 알렸고, 그 필요성과 가치를 전파하기 시작했다.

처음에는 학부모들이 낯설어했지만 한두 명씩 용기 있게 등록하기 시작했고, 점점 효과를 입증하자 나중에는 예상보다 많은 학생들이 우리 수업을 받기 시작했다. 내 예상은 그대로 맞아떨어졌다.

아이들은 상상력과 생각의 마력에 빠졌고, 수학이 즐거운 학문이라는 걸 알게 되었다. 나는 이후 10년간 수천 명의 학생들에게 이 아이디어를 팔았다. 그리고 수업의 교재를 매달 한 권씩 쓰면서 상상력으로 푸는 스토리텔링 수학의 방법론을 체계적으로 정리했다. 이들 책 중 일부는 '아인슈타인수학'이라는 이름으로 출판되어 지금도 시중에서 판매되고 있다.

나는 지금 학원을 직접 운영하지는 않는다. 하지만 이 아이디어를 더 많은 사람들에게 팔기 위해 '생각게임주식회사'를 설립했다. 생각게임주식회사가 판매하는 아이디어는 '수학이 그저 생각하는 즐거운 게임이라는 것이다.' 나는 지금 이 아이디어를 함께 팔기 위한 동반자를 구하고 있다.

할 수 없는 일을 할 수 없다고 팽개치지 말기를 바란다. 모두가 할 수 없다고 팽개친 일이야말로 돈이 되는 거대한 아이디어가 될 수 있다.

모두가 의미 없다며 버린 생각도 필요성을 인식하기만 하면 즉시 실현 가능한 것이 된다. 누구나 가능하다고 믿는 아이디어는 돈이 되는 아이디어가 아니다. 돈이 되는 진짜 아이디어는 남들이 불가능하다고 생각하지만, 자신은 1퍼센트의 가능성을 발견한 아이디어다. 1퍼센트의 가능성도 반드시 된다고 믿고 키우면 100퍼센트 실현 가능해진다. 그러면 그 아이디어의 가치는 무한대가 된다.

일반적으로 불가능하다고 여기는 생각이 어떻게 진정한 아이디어가 되는지 내 사례를 하나 더 들어보겠다. 나는 얼마 전부터 지인들과 새로운 비즈센터 사업을 시작했다. 비즈센터는 창업기업들이 주소지로 등록하고 각종 지원서비스를 제공받는 곳이다. 이런 비즈센터는 어디에 위치하는 것이 좋을까? 이런 질문을 하면 거의 대부분 교통이 좋은 도심 한가운데라고 말할 것이다. 실제로 대부분의 비즈센터는 도심 한가운데에 있다. 그러나 우리는 도심이 아닌 오지에 비즈센터를 세웠다. 아무도 찾지 않을 것 같은 오지에 '월드비즈타운'이라는 간판을 달고 글로벌 비즈센터 사업을 시작한 것이다.

처음 이 사실을 접한 사람은 우리가 미쳤다고 생각할 것이다. 마치 냉장고를 팔기 위해 북극으로 가고, 모래를 팔기 위해 사막으로 가는 사람들처럼 보일지도 모른다. 오지에 세운 비즈센터를 보며 단 1퍼센트의 가능성도 없는 최악의 사업이라 생각할 것이다. 그럼 왜 우리는 오지에 거대한 비즈센터를 세우려 했던 것일까?

관점을 뒤집어 사업을 바라봤기 때문이다. 그랬더니 1퍼센트의 가능성이 100퍼센트의 가능성으로 바뀌었다. 특히 오지에 사무실 주소를 두는 게 여러 가지 면에서 유리하다고 판단했다. 비즈센터 사업의 새로운 블루오션을 발견한 것이다.

과거에는 인터넷이 없어서 사람과 사람이 만나야만 의사소통을 할 수 있고, 협업이 가능했다. 하지만 인터넷이 발달하고, 각종 툴이 개발되면서 서로 만나지 않고도 얼마든지 소통할 수 있고, 협업이 가능한 시대가 되었다. 어디를 가든지 와이파이로 연결되고, 어디서든지 업무가 가능하다. 사람들은 삶의 여유를 누리면서 자유롭게 업무하기를 원한다. 매일 고정된 사무실에 자신을 붙박아둔 채 일하는 사람들은 점점 줄어든다. 이제 사람이 어디에 있든 그곳이 사무실이 된다. 전 지구가 사무실이 되는 시대가 온 것이다. 점점 출근할 사무실이 필요 없어진다.

전통적인 사무실은 우편물을 수납하고 최소한의 행정을 처리하는 곳으로 축소된다. 사람들이 출근할 필요가 없는 사무실이라면 도심 한가운데 있을 필요가 없다. 도심 한가운데 사업자 주소가 있다면 쓸데없는 손님들이 찾아와 귀찮게 할 가능성만 크다. 사람들을 만나기 쉬운 도심에 있기 때문에 만남을 요청하는 사람들도 많아진다. 그러면 만나기 싫어도 만나러 가야 한다. 가까운 데 있으면서 만남을 거절하면 건방지다고 오해받을 수도 있다. 그래서 도심에 사업자 주소가 있으면 교통비와 접대비 등의 경비가 많이 발생한다. 무엇보다 큰 손실은 그로 인해 일에 집중할 시간이 줄어든다는 점이다.

오지에 사업자 주소가 있으면 만나러 오는 사람도 적고, 만나자고 연락하는 사람도 적을 것이다. 꼭 필요한 사람만 찾아오고, 꼭 필요한 사람만 만나자고 할 것이다. 그리고 그런 모든 일을 전화나 메일로 해결할 수 있음을 알게 될 것이다. 그래서 오지에 사업자 주소를 두면 교통비와 접대비가 거의 대부분 사라지게 된다. 무엇보다 좋은 점은 오로지 일에 집중할 시간이 대폭 늘어난다는 점이다.

또 사업자 주소가 도심에 있을 때 발생하는 여러 가지 문제가 있다. 사업상 규제가 많고, 법인 등록세와 주민세 등 각종 세금이 비싸다는 점이다. 오지에 사업자 등록을 하면 사업상 규제가 적고, 각종 세금도 대도시보다 훨씬 저렴하다. 오지에 사업자 주소를 두면 딱 한 가지 단점이 있다. 회사를 설립할 때 현지 관공서를 한번은 방문해야 한다는 점이다. 하지만 그마저도 매년 발생하는 세금과 매일 발생하는 비용을 영원히 줄인다는 측면에서 기꺼이 감수할 만하다.

사업자 주소를 오지에 두면 좋은 마지막 이유는 비즈센터 사용료가 도심보다 저렴하다는 점이다. 오지의 비즈센터는 건설비와 운영비용이 거의 들지 않기 때문에 사용료를 저렴하게 책정할 수 있다. 또 오지의 비즈센터는 대도시의 비즈센터에 비해 망할 가능성이 없다. 나는 서울 강남에 있는 비즈센터가 망하는 바람에 비용을 들여 다른 곳으로 사무실을 이전한 경험이 있다. 그때 거래처와 지인들에게 변경된 주소를 알려야 하는 일이 여간 번거로운 것이 아니었다.

우리는 이런 이유들을 바탕으로 잠재 고객에게 오지를 더 좋은 사업장 입지로 인식시킬 수 있다고 생각했다. 그리고 오지에 세운 비즈센터가 성공할 수밖에 없다고 확신했다. 우리는 즉시 생각을 행동으로 옮겼다. 단돈 0원으로, 버려진 폐가를 활용해 월드비즈타운 사업을 시작한 것이다.

0퍼센트의 가능성도 뒤집어 생각하면 100퍼센트의 가능성이 될 수 있다. 불가능한 일도 관점만 바꾸면 절대 가능한 일이 될 수 있다.

당신은 호박벌을 아는가? 이 녀석은 세상에서 가장 부지런한 곤충으로 알려져 있다. 꿀을 따 모으기 위해 아침부터 저녁까지 잠시도 쉬지 않고 일주일에 1500킬로미터를 날아다닌다. 고작 2~3센티미터밖에 안 되는 작은 체구에 비하면 천문학적인 거리를 날아다니는 셈이다. 그런데 과학자들에 따르면 사실상 호박벌은 날 수 없는 신체 구조를 가지고 태어났다고 한다. 형편없이 작은 날개에 비하면 몸은 너무 크고 뚱뚱해서 공기역학적으로 날기는커녕 공중에 떠 있는 것 자체가 불가능하다고 한다. 그런데 녀석이 어떻게 해서 나는 걸까?

과학자들은 호박벌이 자기가 날 수 없게 창조되었다는 사실을 모른다고 설명한다. 자신이 날 수 있는지 없는지 따위에는 전혀 관심이 없다는 것이다. 오로지 꿀을 따 모으겠다는 목적만 있을 뿐이다. 꿀을 따기 위해서는 날아야만 했고 기어이 그 방법을 찾은 것이다. 호박벌은 내게 불가능을 무시하는 것이 얼마나 위대한 일인지를 알려주는 상징이 되었다.

할 수 없다는 상식에 현혹되지 마라. 불가능하다는 단어를 무시하라. 상식은 다수가 가진 고정관념에 불과하다. 불가능은 도전을 포기한 사람들의 넋두리에 불과하다. 상식은 언제든 수정되는 것이고, 불가능은 한 번의 시도로 완전히 박살낼 수 있다.

아이디어를 거침없이 떠들라

당신은 좋은 아이디어를 누군가에게 공짜로 준 적이 있는가? 공짜로 아이디어를 받은 사람은 실행할 가능성이 아주 낮다. 아이디어에 가치가 있다고 생각되면 아이디어를 공짜로 주거나 싼값에 팔아 버리면 안 된다. 아이디어를 공개하는 것과 공짜로 주는 것은 의미가 완전히 다르다. 나는 많은 아이디어를 때와 장소를 가리지 않고 공개하지만 공짜로 준다고 생각하지 않는다.

나는 내가 가진 모든 아이디어에 대한 실현 의지를 늘 강하게 내비친다. 누군가가 특정 아이디어를 실현하려고 고군분투하는 모습을 본다면 제3자가 함부로 그 아이디어를 도용해 쓰기가 어렵다. 그 아이디어의 원안자가 누구이든 제3자는 아이디어를 실현하려고 노력하는 사람의 기회를 빼앗는다는 것을 인식하게 된다.

　다른 사람의 기회를 빼앗는 행위는 당연히 비용을 지불해야 한다. 내가 상시 떠들어대는 아이디어를 공짜로 가져다 쓸 사람은 없다고 생각한다. 설령 그런 사람이 있다면 성공하기 어렵거나 다른 곳에서 더 크게 대가를 지불할 것이라 믿고 있다. 이것이 바로 아이디어의 창안자도 아니면서, 누구나 아는 아이디어를 돈을 받고 팔 수 있는 노하우의 정수다.

　여기까지 말하면 사람들은 아이디어를 도용당하는 실제 사례가 많다는 것을 예로 들면서 나에게 반론을 제기한다. 친구에게 아이디어를 뺏겼다거나, 벤처기업이 대기업에게 아이디어를 뺏겼다는 기사도 더러 있는 게 사실이다. 이에 대한 내 답은 앞에서 이미 말했다.

　아이디어를 맨 처음 생각했다고 아이디어의 주인이 아니다. 아이디어를 가지고 있는 사람도 아이디어의 주인이 아니다. 아이디어를 설명하는 사람도 아이디어의 주인이 아니다.

　아이디어를 뺏길까 봐 전전긍긍하는 사람은 더더욱 아이디어의 주인이 아니다. 나는 누군가가 자신의 아이디어를 훔쳐 갈까 봐 아이디어를 꽁꽁 싸매고 공개하지 않는 사람들을 여럿 만나봤다. 그중 어떤 사람들은 나를 찾아와 자신이 엄청난 아이디어를 갖고 있다면서 1억 원을 주면 해당 아이디어를 제공하겠다고 했다. 나는 그들에게 아이디어를 판매한 적이 있는지 되물었다. 대부분 아이디어를 판매한 적이 없다고 답했다. 당연한 사실이다. 어느 누가 아이디어의 내용이 뭔지도 모르면서 처음 보는 사람에게 돈부터 내겠는가?

만약 아이디어의 내용을 보기도 전에 돈을 먼저 낸다면 구매자가 판매자에게 완전한 신뢰를 갖고 있는 예외적인 경우일 것이다. 아이디어 구매자와 아이디어 판매자 간의 신뢰는 장기적이고 빈번한 교류를 통해 구축된다. 아이디어 구매자는 아이디어 판매자의 어떤 면을 보고 신뢰를 느낄까? 그것은 바로 아이디어 판매자의 확신과 열정 그리고 실천 의지다.

나는 현재 동업자와 함께 무자본 창업 아이디어를 판매하는 버터플라이인베스트먼트를 운영하고 있다. 지금은 아이디어와 콘텐츠를 한번에 보내주지만, 초기에는 연회비 110만 원을 선결제한 고객들에게 창업 아이디어를 매주 하나씩 순차적으로 제공했다. 아이디어 견본도 없었고, 만들어놓은 문서도 없었다. 그런데도 많은 고객들이 기꺼이 적지 않은 비용을 선결제해주었다. 나의 두 시간 강의를 듣는 동안 내가 리마커블한 아이디어를 끊임없이 창출하고 실행하는 사람이라는 신뢰를 갖게 되었기 때문이다.

버터플라이인베스트먼트뿐만 아니라 내가 운영하는 모든 아이디어 판매 회사들도 마찬가지다. 고객들은 보지 않고도 기꺼이 아이디어를 산다. 아이디어를 판매하는 사람들의 말과 행동 그리고 과거의 경험을 통해 굳이 확인하지 않고도 틀림없이 기대 이상의 아이디어가 제공될 것으로 확신하기 때문이다.

그럼 여기서 아이디어를 판매하고 수익을 얻는 아이디어의 진짜 주인이 누구인지 한번 더 정리해보겠다.

아이디어를 돈으로 만드는 사람은 아이디어에 확신을 갖고 스스로 실현하려고 노력한다.

만약 어떤 사람을 만났는데, 그가 멋진 아이디어를 가지고 있을 뿐만 아니라 그 아이디어에 대해 확신을 갖고 실현하기 위해 노력하는 모습을 보여준다면 당신은 무슨 생각을 하게 될까? 그 아이디어가 멋지다고 생각해도 당신은 함부로 따라 할 생각을 못 할 것이다.

당신은 그 아이디어를 실천하기 전에 그 사람만큼 확신이 있는지 따져봐야 한다. 그 사람만큼 열정적으로 실천할 수 있는지도 점검해봐야 한다. 그런 모든 것을 감수하고 그 아이디어를 몰래 당신이 따라 한다고 결정해도 당신은 그의 존재 자체가 가장 큰 리스크임을 알게 된다. 그가 결국 당신의 경쟁자가 될 것이고, 그 경쟁으로 인해 언젠가 당신이 예상하지 못한 큰 비용을 지불해야 함을 알게 된다.

이 정도도 예상을 못 하는 사람이라면 오래가지 않아 실패를 맛보게 될 것이다. 현명한 사람이라면 차라리 얼마 정도의 돈과 지분을 그 사람에게 주고 그 사람을 자기편으로 만드는 것이 최선의 선

택임을 알게 될 것이다.

이제 어떤 경우에 아이디어를 뺏기고 도용당하는지 알 것이다. 아이디어를 내기만 하거나, 아이디어를 갖고만 있거나, 아이디어를 전달만 하는 경우에는 아이디어를 뺏길 가능성이 아주 크다. 왜 그럴까?

아이디어를 빼앗는 사람들은 그런 사람들을 전혀 위협적으로 여기지 않는다. 그들은 어차피 실천하지 않을 사람들이고, 미래의 경쟁자도 될 수 없다고 판단하기 때문이다. 즉, 아이디어를 내기만 하고, 갖고만 있고, 전달만 하는 사람은 아이디어의 진짜 주인이 아니다. 이런 사람들은 아이디어를 절대로 팔 수 없다.

아이디어를 돈으로 만드는 사람이 되려면 스스로 실현하기 위해 노력하는 실천 의지가 있어야 한다. 그리고 그 아이디어를 거침없이 떠들고 다녀야 한다.

스스로 아이디어를 실현하려고 노력하면서 거침없이 떠드는 사람만이 아이디어를 판매할 수 있다. 그런 사람이 아이디어의 진정한 주인이다. 그의 아이디어는 아무도 빼앗을 수 없다. 그 대신 어떤 사람은 돈을 내고 고객으로 참여하면서 아이디어의 값을 지불한다. 또 어떤 사람은 돈을 내고 동업자로 참여하면서 아이디어의 값을 지불한다.

나는 아이디어를 수시로 판매하고 있지만 아직까지 아이디어를 뺏겼다고 생각한 경험은 없다. 멋진 아이디어를 갖고 있고, 그 아이디어를 실현할 수 있다는 확신이 있고, 만나는 모든 사람에게 실현 의지를 보여준다면 당신의 아이디어를 누구도 빼앗을 수 없다. 다른 사람이 따라 한다 해도 빼앗긴 것이 아니다. 그럴수록 당신의 확신은 더 군건해지고, 당신의 의지는 더 불타오르기 때문이다.

만약 당신이 아이디어를 빼앗겼다고 생각한다면 그것은 그 아이디어에 대한 당신의 사랑이 식었기 때문이고, 그 아이디어에 대한 열정이 사라졌기 때문이다. 그러니 그 아이디어에 대해서는 미련을 버리면 된다.

누군가 당신의 아이디어에 욕심을 내고 군침을 삼킨다면 그것은 아주 좋은 신호다. 당신의 아이디어가 가치가 있다는 뜻이고, 그 아이디어를 비싼 값에 팔 수 있다는 뜻이다. 그럴수록 당신은 그 아이디어에 대한 열정이 커지고 사랑은 더 깊어질 것이다. 이런 아이디어가 진짜 아이디어다. 진짜 아이디어는 절대 뺏기지 않는다. 그러니 마음껏 떠들고 다녀도 된다.

Idea

미래의 걸림돌을 제거하라

만약 당신이 실현하려는 아이디어에 가치가 있고, 그것을 팔아야겠다고 판단되면 아이디어의 가치를 제대로 아는 사람이 나타날 때까지 3~5년을 끈질기게 기다려야 한다.

나는 무자본 창업 아이디어를 파는 버터플라이인베스트먼트의 아이디어 가치를 알아주는 사람이 나타날 때까지 3년을 기다렸다. 그리고 현재 무자본 가족 테마파크인 '해피마운틴'의 아이디어 가치를 알아주는 사람이 나타날 때까지 11년째 기다리고 있다. 또 전 세계 카탈로그를 배송해주는 '카탈로그익스프레스'라는 아이디어의 가치를 알아주는 사람이 나타나기를 현재 15년째 기다리고 있다.

단지 기다리기만 해서는 안 된다. 기다리는 동안 아이디어를 더

142

세련되게 다듬어야 한다. 그러면서 아이디어의 가치를 계속 높여야 한다. 이것은 사람들에게 아이디어를 계속 알리고 피드백 받는 과정에서 이루어진다. 앞에서 말했다시피 그런다고 다른 사람들이 아이디어를 훔쳐가지 않는다.

그러다 자연스럽게 아이디어에 관심을 나타내는 사람을 만나게 될 것이다. 하지만 관심을 나타낸다고 해서 적임자라고 할 수는 없다. 나는 관심을 가지는 사람을 만나면 아이디어를 세련되게 만드는 과정에 참여시켜본다. 아이디어를 실행하는 과정에도 참여시킨다. 그 사람이 적임자라면 시간이 지날수록 아이디어를 실현하는 데 열정이 커질 것이고, 그렇지 않다면 점점 열정이 식을 것이다.

아이디어의 적임자라고 생각되는 인물이 나타나 함께 법인을 설립한 다음에도 마음을 놓지 않는다. 그 적임자가 곧 마음을 바꿀 수도 있고, 다른 아이디어로 눈을 돌릴 수 있기 때문이다. 나는 그럴 가능성을 충분히 고려해, 처음에 지분을 최소한으로 배정하고, 향후 그 적임자가 사업에 애착이 없어지면 지분을 환수할 수 있는 조항을 계약서에 넣는다. 물론 그 적임자가 계속 애착을 갖고 사업을 발전시켜간다면 향후 조금씩 지분을 높여준다.

나는 실제로 어떤 아이디어를 다른 사람에게 맡겼다가 환수한 경험이 있다. 나는 뜻이 맞는 사람을 만나 웨딩사업을 시작했다. 그는 대표이사가 되어 열심히 사업을 했지만 1년 후 다른 사업에 관심이 있다고 말했다. 나는 그와 상담을 통해 그가 웨딩사업에 대한 애착이 사라졌음을 느꼈다. 그리고 즉시 대표이사를 교체했다.

또 나는 뜻이 맞는 사람을 만나 법인을 세우고 '하루만에 책쓰기' 사업을 시작했다. 그도 한동안 열심히 일했다. 3년 후 그는 나와는 다른 독자적인 길을 가고자 했다. 나는 그와 상담해보았지만 이견은 좁혀지지 않았다. 그 즉시 '하루만에 책쓰기' 사업을 회수했다. 그리고 내가 직접 사업을 운영하면서 새로운 CEO를 찾고 있다.

내가 판매한 아이디어도 많고, 그 아이디어를 함께 실현하는 사람들도 많지만 모든 아이디어에 대해 똑같은 열정을 실을 수는 없다. 내가 직접 관여해야만 하는 핵심적인 아이디어가 있고, 다른 사람에게 일임해도 되는 부가적인 아이디어가 있다.

내가 직접 관여하는 사업에 있어서 나는 내 인생을 모두 걸고 실천하려는 입장이다. 이 말은 곧 아이디어를 당장 실현하는 것에만 관심이 있는 것이 아니라 30년, 50년, 100년 이상 지속되도록 애착을 놓지 않겠다는 의미이기도 하다.

나는 적임자를 찾아 사업을 시작할 때부터 늘 그가 적임자가 아닐 가능성을 열어두고 시작한다. 그리고 사업의 주도권을 내가 갖기 위해 동업자에게 자본 부담을 주지 않는다. 사업의 출발은 무자본이 원칙이다. 지출이 필요하면 반드시 먼저 매출을 낸 후 현금이 들어온 다음에 지출을 하게 한다. 이렇게 하면 재무적 위기 상황을 겪지 않고 안전하게 사업을 할 수 있다.

하지만 무자본이든 유자본이든 늘 실패의 위험이 도사리고 있다. 가장 큰 리스크는 나를 포함한 동업자들의 마인드와 열정이다. 그래서 사업가 마인드를 갖춘 동업자를 찾는 것이 가장 중요하다.

나는 언제나 투명하게 경영하고 야심이 있는 동업자를 찾는 데 주력한다. 어느 하나라도 문제가 있다면 사업은 실패한 거나 다름 없다. 그럴 때에는 동업자를 교체할 수 있어야 한다. 물론 나는 이런 조항까지 고려해 창업계약서를 작성한다. 창업계약서에는 회사의 목적, 운영규칙, 지분과 수익배분, 동업자 간 의견 충돌 시 해결 방법 등이 자세히 적혀 있다.

'동업자계약서' 또는 '창업자계약서'를 어떻게 작성하는지 궁금해 하는 분들이 있다. 그분들을 위해 내가 얼마 전에 오시열 대표와 함께 창업한 후크인터스텔라의 창업자 계약서를 공개하니 참조하시 길 바란다.

후크인터스텔라(주) 창업자계약서

후크인터스텔라주식회사(이하 '우리 회사')의 창업자 최규철과 오시열은 우리 회사의 사업을 개시하기에 앞서 다음 사항에 합 의하고 엄격히 지킬 것을 계약한다.

1. 우리 회사의 미션은 '자유인이 되어 우주를 탐험하는 것이다.
   그리고 이를 위해 자유롭게 사업을 펼치는 것'이다.
2. 이로써 우리는 고객감동을 이끌어내고 최고의 이상적인 기

업을 만든다.

3. 우리 회사는 외부로부터 어떠한 차입이나 대출을 받지 않는다. 만약 차입이나 대출을 받은 사람은 그 차입이나 대출에 대해 전적으로 개인이 책임지고 변제하고, 임원의 자리에서 물러난다.

4. 우리는 순수한 우리의 능력으로 회사의 매출을 발생시키고 이익을 실현한다.

5. 회사에 필요한 지출과 인재의 고용도 서로 합의하여 정한다.

6. 우리 회사는 제3자로부터 투자를 받지 않고 또 타 기업에 투자하지 않는다.

7. 우리는 우리의 고객도 무차입 경영을 하도록 관리하고, 그들의 성공을 돕는다.

8. 우리는 우리 회사를 정상적으로 운영하고 거래내역과 재무상태를 서로에게 투명하게, 그리고 매월 정기적으로 공개한다.

9. 창업자가 사업에 무관심하거나 무책임한 행위를 한 경우 본인의 지분을 다른 창업자에게 무상 양도하고 회사를 떠난다.

10. 우리 회사의 지분을 제3자에게 양도할 경우에는 사전에 다른 주주에게 알리고 문서로 합의를 구한다.

11. 오시열과 최규철은 서로 합의하여 우리 회사의 정책을 결정하나, 두 사람의 의견이 대립할 시에는 최규철의 뜻을 따르기로 한다.

12. 최규철과 오시열의 회사 지분은 7:3으로 배분하나 수익은 3:7로 배분한다.

13. 본 계약서의 모든 내용은 서로의 합의에 의해 변경 가능하다. 끝.

물론 같이 사업을 시작하는 동업자는 이런 계약서를 반길 리 없다. 하지만 늘 우려하는 일은 일어나기 마련이다. 일이 벌어진 다음 후회하는 것보다는 조금 불편하더라도 시작하기 전에 문제의 싹을 없애는 편이 낫다. 나는 이런 계약서가 필요한 이유를 동업자에게 설명한다. 만약 동업자가 이를 받아들이지 않는다면 나는 적임자가 아니라고 판단하고 다른 동업자를 찾는다.

사업을 시작할 때, 동업자를 분별없이 생각하거나 지분 배분을 소홀히 생각하는 사람들이 많다. 나는 그런 사람들은 사업 아이디어에 대한 애착이 없기 때문에 그런 행동을 한다고 판단한다. 대충 흐릿하게 시작하면 나중에 반드시 더 큰 대가를 치르게 된다. 소중한 아이디어도 한순간에 좌초되기 쉽다. 대충대충 하면 아이디어가 좌초되지 않고 잘 굴러가는 것 같아도 결정적인 시기에 역시 문제가 발생한다.

사업을 시작할 때 민감한 부분을 회피하고 시작하는 사람들이 많다. 또 시작부터 곧 망할 회사인 것처럼 계획하고 행동하는 사람들도 많다. 나는 많은 창업 경험을 통해 일어날 일은 반드시 일어나고, 상상하지 못했던 일들도 일어나는 것을 목격했다. 아이디어가 나아가는 길은 한치 앞을 볼 수 없는 눈보라를 헤쳐 나가는 것과 같다. 최악의 상황과 최선의 상황을 고려해 폭넓은 대응책을 만들어, 아이디어가 좌초하지 않도록 해야 한다.

또 아이디어가 가는 길은 끝이 없는 마라톤을 하는 것과 같다. 시작을 했다면 10년, 50년, 100년을 넘어 영원히 살아남아 빛을 발하게 해야 한다. 아이디어를 실현하는 사람은 하나의 제국을 만드는 것처럼 예상되는 모든 걸림돌을 하나하나 제거해야 한다. 결코 끝이라고 말해서도 안 되고, 결코 안심해서도 안 된다.

아이디어를 돈으로 만드는 아이디어의 진짜 주인은 추진하는 아이디어에 대해 장기적인 애착을 가져야 하고, 장기적인 문제에 대한 걸림돌을 미리 제거해야 한다.

이것은 아이디어 판매에 대해 내가 줄 수 있는 가장 중요한 팁이다. 내가 아이디어를 팔 수 있는 이유는 나에게 아이디어를 사 가는 사람이 아이디어뿐만 아니라 내 애착도 함께 사기 때문이다. 나에게 아이디어를 사는 사람은 아이디어에 문제가 생기면 언제든지 내 도움을 받을 수 있음을 알고 있다.

아이디어를 돈으로 만드는 아이디어의 진짜 주인도 판매하는 아이디어를 사랑하고 끝까지 보살펴야 한다.

아이디어를 기록한 문서 자체는 아무것도 아니다. 그것은 아이디어 판매에 있어서 겨우 1퍼센트 정도의 비중에 불과하다고 생각한다. 아이디어는 발아해서 줄기가 나고, 잎이 나고, 열매가 열리기까지 참으로 많은 시련을 견뎌야 한다. 이 과정은 참으로 험난하고 시간도 오래 걸린다.

아이디어를 팔아 돈으로 만드는 아이디어의 진짜 주인은 아이디어를 누구보다 사랑하고 아이디어가 자라는 모든 과정을 함께하는 사람이다. 그런 사람만이 아이디어를 팔 수 있다.

07 비즈니스 센터 만들기

나는 사무실에서 일하는 것을 좋아하지 않는다. 주로 카페에서 업무를 본다. 사업자등록증상 주소는 서울이지만 그곳에서 나를 만날 수는 없다. 그런데 종종 내가 그곳에 있는 줄 알고 찾아오는 사람들이 있다. 내가 없는 곳에 사람들을 찾아오게 하는 것은 결례이고, 찾아온 이들에게 내가 없음을 일일이 변명하는 것도 번거로운 일이다.

그래서 나는 오래전부터 사업장 주소를 서울에 둔 것이 실수라고 생각했다. 다음에 사업장 주소를 둔다면 사람들이 찾아오기 어려운 오지에 둬야겠다고 벼르고 있었다. 어느 날 내 사연에 흥미를 느낀 청년이 찾아왔다. 그 청년은 나와 친분이 두터운 지인이었다. 그의 할아버지가 충청도 산골에서 사시다 몇 년 전에 돌아가셔서 집이 폐가가 되어 방치되고 있다고 했다. 청년은 그 폐가를 비상주 사무실로 사용할 수 있는지 내게 물었다.

나는 당연히 가능하다고 말하면서 즉시 오지 비즈센터 사업을 시작하라고 말했다. 청년은 정말 사업이 가능한지 내게 물었다. 나는 가능하지 않을 이유가 없다고 말했다. 그는 아이디어 제공 대가로 내게 무엇을 원하는지 물었다. 나는 그가 오랜 지인이라 아이디어 제공에 따른 대가는 받지 않겠다고 말했다. 그는 그럴 수 없다면서 한사코 아이디어 제공 대가를 지불하겠다고 말했다. 나는 계속 거절했으나 결국 수익의 10퍼센트를 받는 조건으로 수락했다.

그는 첫 번째 고객을 찾아 선 매출을 만들었다. 그런 다음 폐가를 깨끗이 청소하고, 페인트칠을 했다. 그리고 하루만에 홈페이지를 개설했고, 중고로 버려진 집기를 구해 그럴듯한 사무공간을 만들었다. 잠재 고객들의 문의가 오기 시작했다. 두 번째 고객이 생겼고, 몇 달 만에 수십 개의 업체가 입주했다.

나는 어떻게 이 아이디어를 팔 수 있었을까?

나는 이 사업의 필요성을 경험으로 확신하고 있었다. 어느 사업보다 심플하고 쉽다는 것도 알고 있었다. 그는 내가 주는 확신을 사서 자기 것으로 만들었고, 그대로 실천했다.

08 무자본 창업하기

나는 매주 금요일마다 '해적들의 창업이야기'란 제목으로 무자본 창업 강의를 했다. 이 강의에서 무자본 창업 아이디어를 하나씩 소개했고, 지원자를 찾아 무자본 창업을 진행하기도 했다.

강의를 시작한 지 2년째 되는 어느 날, 내 강의를 감명 깊게 들었다는 어떤 청년이 상담료를 선 지급하면서 특별 면담을 요청했다. 나는 그와 만나 상당 시간 대화를 나누었다. 그는 명문대를 나와 5년 동안 보험 영업을 하고 있고, 자기계발에 적극적인 청년이었다. 그는 내가 제시하는 무자본 창업을 적극적으로 흡수해 생활에 적용하고 싶어 했다.

나는 으레 하는 말로 매주 금요일마다 강의에 참석해 나의 모습을 지켜보라고 했다. 대부분은 그러겠다고 대답하지만 실제 지속적으로 실천하는 사람은 드물었다. 그런데 이 청년은 한 주도 빠지지 않고 무려 8개월 동안 매주 금요일마다 참석했다. 나는 그가 비범한 인물임을 알아보았고 그때부터 마음을 열고 그에게 어울리는 사업 아이디어를 추천해주었다.

그런데 그는 내가 추천하는 사업에 선뜻 뛰어들지 않았다. 새로운 사업에 바로 뛰어드는 나와는 달리 그는 신중하고 조심스러운데가 있었다. 나는 그에게 자신만의 사업을 찾을 때까지 내가 직접 실행하려는 사업을 함께 진행해보는 게 어떻겠냐고 물었다. 내가 제안한 사업은 무자본 창업의 가치를 전파하고 무자본 창업 아이디어를 판매하는 버터플라이인베스트먼트였다.

그는 나의 제안을 수락했고 이 사업의 대표를 맡기로 했다. 수익은 5:5로 공평하게 분배하기로 약속했다.

내 강의를 자주 들으러 오는 대학생이 있었다. 나는 처음에 창업에 관심 있는 평범한 대학생인 줄 알았다. 전공이 뭐냐고 물어보니 의대에 다닌다고 했다.

가끔씩 내 강의를 들으러 찾아오는 의사들이 있었다. 그런데 의대생은 처음 보았다. 나는 의대생이 왜 창업에 관심을 가지느냐고 물었다. 그냥 창업에 관심이 있다며 이유를 자세히 말해주지는 않기에 나는 나중에 개인 병원을 차리기 위해서라면 의사가 되고 나서 오는 게 좋겠다고 말했다. 그는 몇 달간 오지 않다가 어느 날 또다시 나타났다. 학기가 시작되어 그동안 기숙사에 있다가 방학이 되어 또 찾아온 것이다. 그러기를 3년, 이번에는 그가 학기 중에 나타났다. 내가 이유를 물어보니 학교를 자퇴했다고 말했다.

요즘 대학교를 자퇴하는 경우는 많다. 그런데 의대를 자퇴한 학생은 처음 보았다. 나는 부모님의 동의를 얻었는지 물었다. 그는 부모님의 동의를 구하기 위해 3년 동안 노력했지만 결국 동의를 얻지 못하고 혼자 결단을 했다고 말했다. 그의 속사정을 자세히 들어보았다. 그는 양친이 모두 의사였다. 부모님의 권유로 의대에 들어갔지만 의사 공부가 즐겁지 않았다고 했다. 자신의 꿈은 사업가여서 의대를 다닐수록 자신의 길이 아니라는 생각이 강해졌다는 것이다. 부모님은 졸업만이라도 하길 바랐지만 그때는 더 돌이키기 어렵다는 것을 깨달았다고 했다. 의사가 된 후에 의사를 포기하는 것보다는 의대생일 때 새로운 길을 찾는 게 낫다고 생각한 것이다.

나는 그에게 어떤 사업을 하고 싶은지 물었다. 그는 자신이 구상해둔 사업에 대해 조목조목 말해주었다. 그런데 내가 보기에 그 사업들은 비교적 평범하고 일반적인 사업이었다. 나는 그에게 의대를 그만둔 결정을 후회하지 않을 만큼 명분이 있는 사업을 하는 게 어떠냐고 말했다. 그는 고개를 끄덕였지만 자신이 그런 특별한 사업을 할 수 있는 능력이 있는지 걱정된다고 말했다.

나는 그가 충분히 할 수 있고, 내가 함께하기에 더 확실하게 해낼 것이라고 말했다. 나는 그에게 '호기심을 살리는 우리들의 대학교, 큐니버시티'에 대한 개념과 필요성을 자세하게 설명해주었다. 그리고 이미 다섯 명의 입학생을 확보해두었다고 말했다. 그는 내 얘기를 듣자마자 자신이 원하는 최고의 아이디어라고 말해주었다.

그는 수익의 40퍼센트를 나에게 배분하는 조건으로 큐니버시티 아이디어를 구매했다. 그는 이미 확보된 다섯 명의 입학금으로 법인을 설립했고, 또 다른 입학생들을 받아 첫 번째 학술지를 발행했다. 그리고 1년 후 작은 연구소를 오픈했고, 또 1년 후 첫 번째 공식 캠퍼스를 오픈했다.

나는 어떻게 이 아이디어를 팔 수 있었을까?

나는 누구보다 큐니버시티의 필요성을 절실히 느끼고 있었다. 그러던 중 나와 같은 생각을 가진 사람 다섯 명을 만났다. 더 많은 사람들에게 이 서비스가 필요하다고 확신하게 됐다. 그리고 그는 내가 주는 확신을 사서 자기 것으로 만들었고, 그대로 실천했다.

아들이 유치원에 다니기 시작했을 때의 일이다. 아내가 아이를 수학학원에 보내면 어떻겠냐고 물어보았다. 나는 이제 겨우 유치원에 다니기 시작했는데 수학학원에 왜 보내느냐고 펄쩍 뛰었다.

아내는 유치원생이 다니는 수학학원이 여러 군데 있고, 우리 아파트에도 그 학원에 다니는 아이들이 여럿 있다고 했다. 나는 너무 이른 나이에 수학을 배우면 수학에 대한 나쁜 편견이 생겨 수학을 싫어하게 될 가능성이 크다는 이유를 들며 반대했다. 하지만 아내는 내가 세상 물정을 모른다면서 몇 달만이라도 보내보자고 고집을 피웠다.

나는 아내의 뜻을 꺾기 어렵다고 판단하고 내가 직접 아들에게 수학을 가르치겠다고 말했다. 그랬더니 아내는 경험도 없고, 교재도 없으면서 어떻게 내가 유치원생을 가르칠 수 있냐고 물었다. 나는 그때 수학학원을 운영하고 있었다. 우리 학원에는 초등학교 3학년부터 중학교 3학년까지 다니고 있었다. 다만, 나는 초등학교 2학년 이하 학생을 가르쳐본 경험이 없었다. 그럼에도 내 아들을 위험에 노출시키는 것보다 내가 직접 아빠의 사랑으로 가르치는 게 옳다고 생각했다. 나는 아내에게 이제부터 하나하나 경험하면서 커리큘럼을 만들고, 교재도 만들어가겠다고 말했다.

아내는 아빠로서 아들을 위해 굳이 어려운 길을 가겠다는 진심에 동의해주었다. 나는 같은 아파트에 사는 아들 친구 두 명을 모아 매주 1회 한 시간씩 유치원생 수학수업을 시작했다. 그런데 나는 유치원 아이들에게 수학을 가르치고 싶지 않았다. 수학이란 말도 쓰고 싶지 않았다. 아이들에게 공부하는 시간인지도 모르게 하고 싶었다. 게임하듯 즐겁게 놀다가 서서히 그리고 자연스럽게 수학적 사고가 생기도록 해주고 싶었다.

나는 그런 교재를 만들기 위해 연구와 실험을 거듭했다. 교재에는 덧셈, 뺄셈 등 일체의 수학용어를 전부 없애버렸다. 엄마나 선생님이 그런 용어를 쓰는 것도 금지시켰다. 모든 내용을 일상생활 속 이야기 형식으로 실었다. 이 방식으로 나는 일주일마다 교재 한 권을 만들었다. 교재 열 권을 만들고 열 번 수업을 하자 아주 만족스러운 결과가 나왔다.

나는 지인 중에서 출판 사업에 관심 있는 사람을 찾았다. 그리고 그를 학원에 초대했다. 내가 만든 유치원 수학교재를 보여주고 수업에 참관시켰다. 그에게 이 교재의 출판권을 사서 어린이 대상 출판 사업을 진행해보라고 했다. 그는 매우 흥미롭다고 하면서 시장조사를 해보겠다고 했다. 또 자신도 유치원에 다니는 딸이 있다면서 직접 실험해보겠다고 했다. 일주일 후 그가 다시 왔다. 그는 내 아이디어를 기꺼이 사겠다고 했다.

그는 앞으로 내가 만들 6세, 7세, 8세, 9세용 스토리텔링 수학교재 전권에 대한 출판계약을 하고 계약금과 선인세를 지불했다. 그리고 법인을 설립하고 투자를 받아 출판을 시작했다. 나는 아들을 위한 수업을 하면서 유치원부터 초등 2학년까지 교재를 완성했다.

그는 사업을 계속 확장시켰다. 지금은 한글, 한자, 영어 등을 포괄하는 유아 종합 교육콘텐츠기업으로 성장시켰다.

나는 어떻게 이 아이디어를 팔 수 있었을까?

나는 유치원생 대상의 수학수업은 조금 달라야 한다고 생각했다. 직접 연구하고 실험하면서 교재를 만들었다. 이 교재가 아이들에게 도움을 줄 거라고 확신했다. 그리고 그는 내가 주는 확신을 사서 자기 것으로 만들었고, 그대로 실천했다.

4장

아이디어를
실전에서 파는 법

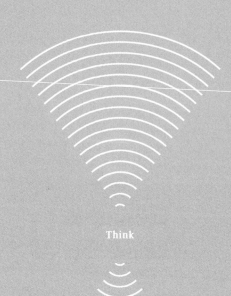

Think

누구에게 팔지 안다면
게임은 끝난다

나는 아이디어를 팔기 위해 다양한 시도를 했다. 우선 주변에서 아이디어를 팔려고 하는 많은 사람을 만났다. 하지만 불행히도 아이디어를 팔겠다는 사람은 넘쳐나는 반면, 아이디어를 사겠다고 나서는 사람은 극히 적었다.

어떤 사람들은 한국 사람이 아이디어라는 무형의 가치를 인정하지 않는다는 것에 쉽게 동의해버리고 만다. 그런데 그게 한국 사람만의 특징일까? 다른 나라들도 이런 생각이 지배적일 것이다.

그러나 모든 사람이 아이디어에 돈을 지불하지 않을 것이라 믿으면 실제로 아이디어를 팔아 돈으로 만드는 것은 불가능하다. 나는 반대로 생각한다. 누구든지 좋은 아이디어라면 기꺼이 돈을 지불할 것이라고 믿는다.

　그럼 실제로 누가 아이디어에 돈을 지불할까? 돈이 많은 사람일까, 아니면 돈이 없는 사람일까? 적극적으로 소비하는 사람일까, 아니면 소극적으로 소비하는 사람일까?

　단순하게 생각하면, 돈이 없는 사람들은 돈이 없기 때문에 아이디어를 사지 않고, 돈이 많은 사람들은 계산적이기 때문에 아이디어를 사지 않을 것처럼 보인다. 이번 장에서는 누가 아이디어를 사는지, 누구에게 아이디어를 팔 수 있는지 내 경험을 토대로 말해보고자 한다.

　나는 직장에 다니면서 '인터넷 웨딩'이라는 아이디어를 처음 생각해냈다. 한때 내가 다닌 부서가 대기업 신규사업 부서였고, 우리 회사는 외부 중소기업에 투자를 하고 있었기 때문에 나는 맨 처음 부서장에게 내 아이디어를 제안했다. 그랬더니 부서장님은 피식 웃었다. 한마디로 대기업이 할 사업이 아니라는 것이 이유였다.

　그러고 나서 나는 내 아이디어를 우리 회사와 관계된 벤처투자 전문 회사로 가지고 갔다. 다행히 벤처투자회사의 대표님은 나와 같은 회사의 소속이었다가 그 회사의 대표로 임명된 사람이어서 나를 알고 있었다. 그런데 그는 내가 제안한 아이디어에 조금도 관심을 보이지 않았다. 자기보다 한참 아래의 부하 직원을 대하듯 내가 들고 간 아이디어도 그렇게 취급해버렸다. 나는 그의 반응을 보면서 쇠귀에 경 읽기라는 것을 깨달았다.

　그 후 나는 다니던 회사를 퇴사했고 상당한 시간이 흘렀다. 나는 당시의 아이디어를 잊고 있었다. 그러다 전 직장 동료를 만나 다시 아이디어를 팔러 다니기 시작했다. 그때 맨 처음 생각난 곳이 우리나라에서 제일 유명한 결혼정보회사였다. 그길로 결혼정보회사를 찾아가 대표와 임원들 앞에서 내 아이디어에 대해 프레젠테이션을 했다. 그들을 내 이야기에는 흥미를 보였지만, 내 아이디어에 값을 지불할 용의는 전혀 없었다.

그들의 입장에서는 아무 경험도 없는 풋내기에게 아이디어 값을 지불한다는 게 웃기는 일이었을 것이다. 내가 가져간 아이디어는 조금만 관심을 기울이면 그들도 낼 수 있는 것이었다. 무엇보다 그 아이디어를 잘 실현할 수 있는 사람이 자신들이라고 판단했던 것이다. 그들은 내가 가져간 아이디어를 실현할 자금과 조직을 갖추고 있었다. 그들은 내 제안을 거절하고 자기들이 직접 사업에 나서겠다고 말했다. 그리고 실제로 그 사업을 시작했다.

나는 무엇이 잘못되었는지 생각해보았다. 결론은 잘못된 것이 없었다. 내가 그 회사 입장이어도 그렇게 할 것 같다는 생각이 들었다. 그 회사 입장에서 생각해보면 내가 요구한 것은 너무 과도했다. 누구나 낼 수 있는 아이디어에, 너무 많은 대가를 요구한다고 결론을 낸 것이다.

더구나 그 회사는 내가 그 아이디어를 잘 실현해낼 거라는 신뢰가 없었고, 무엇보다 나라는 사람의 존재가 그들에게 전혀 위협적인 인물로 인식되지 못했다. 내가 아이디어를 제공한 대가는 고맙다는 인사면 충분했고, 점심 한 끼 사주면 충분한 것이었다.

나는 그 후 돈이 있는 사람들도 만났고, 벤처 캐피탈도 찾아갔다. 하지만 아이디어를 팔고 돈을 받기는 쉽지 않았다. 그들은 끊임없이 의심했고, 끊임없이 더 많은 조건을 요구했다. 더불어 그들의 행동이 거절의 또 다른 방법임을 알았다. 한마디로 그들은 내가 가진 아이디어를 살 마음이 없었던 것이다.

나는 무언가 크게 잘못 생각하고 있다는 것을 깨달았다. 그래서 내 진면목을 잘 아는 선배를 찾아가 상의했다. 나는 그때까지 그 선배가 투자에 매우 인색한 사람이라고 오해하고 있었다. 그래서 다른 사람에게는 투자를 요청했지만 그에게는 투자요청을 하지 않았었다.

그를 찾아가서도 투자 요청할 생각은 없었다. 다만 내가 무엇을 잘못 생각하고 있는지 알고 싶었다. 그런데 그는 내가 추진하려는 프로젝트를 아주 흥미롭게 듣더니 투자 의지를 보였다. 그리고 자신보다 더 영향력 있는 분을 소개해주면서 그분에게 투자요청을 해보라고 말해주었다. 그 선배가 알려준 분이 바로 당대 최고의 벤처 스타였던 이찬진 대표다.

투자에 인색한 줄 알았던 선배는 어떻게 내게 투자를 하겠다고 말한 것일까? 선배는 나를 자주 만나면서 내가 어떤 사람인지를 알고 있었기 때문이다. 내가 어떤 일이든 고집스럽게 추진해 끝까지 밀고 나가는 사람이라는 인식을 갖고 있었다. 이찬진 대표도 나에 대한 뒷조사를 통해 그것을 확인했던 것이다. 나는 이 일로 누가 아이디어를 사는지 알게 되었다. 아이디어를 사는 사람은 아이디어를 파는 사람을 신뢰하는 사람이다.

돈이 있다고 무턱대고 아이디어를 사는 사람은 없다. 아이디어를 파는 사람이 신뢰를 보여주지 못하면 아무리 돈 많은 사람을 만나도 한 푼도 얻을 수 없다. 그리고 또 한 가지. 돈이 없다고 아이디어를 사지 않는 것도 아니라는 사실이다. 꼭 필요한 아이디어라고 믿는다면 없는 돈도 만들어 사게 된다. 돈이 많아 주체하기 어려운 사람도 관심이 없을 때는 돈이 없다고 핑계를 댄다. 관심이 있고 꼭 필요한 아이디어라면 가산을 팔아서라도 또는 신용카드 최장 할부를 해서라도 구매한다.

그동안 많은 사람과 기업을 만나봤지만 한 푼도 투자받지 못한 경우는 내가 아이디어를 실현할 사람으로 보이지 않았을 때뿐이다. 그럴 때에 나는 그들에게 내 고집스러움과 끈기를 보여주려고 하지 않았고, 그들도 나로부터 그것을 얻으려고 기대하지 않았다.

당신의 아이디어를 사는 사람은 당신이 아이디어를 실현할 수 있음을 아는 사람이며, 당신에게서 성공을 향한 고집스러움과 끈기를 발견한 사람이다.

나는 무자본 창업을 하러 찾아오는 분들에게 자신이 만들고자 하는 제품을 지인에게 먼저 세일즈해 그 돈으로 회사를 설립하고 제품을 만들라고 조언한다. 내 조언을 듣고 그대로 실천해 순조롭게 창업하는 분도 있지만, 끝내 선 세일즈를 못 하는 분도 있다.

제품이 나오기 전에 선 세일즈한다는 것은 아이디어를 판다는 의미다. 그래서 사업 초기 무자본 창업가는 모두 아이디어를 파는 사람이다. 평소 자신의 사업가적 기질을 지인들에게 보여준 사람들은 무난히 선 세일즈를 한다. 이들은 사업에 무관한 일이지만 평소 언행을 통해 내뱉은 말에 책임지는 모습을 보여주었을 것이다. 평소 언행을 가볍게 했거나 책임감이 부족했던 사람들이 선 세일즈를 못하는 것은 당연하다. 죽마고우 친구도, 수십 년간 한집에서 산 가족도 이런 사람의 아이디어는 사지 않는다.

나는 끝내 선 세일즈에 실패한 분 중에서 친구와 가족을 원망하는 분도 보았다. 하지만 그것은 친구와 가족에게 문제가 있는 게 아니라 자신에게 문제가 있는 것이다. 나는 이런 분들에게 당분간 창업을 보류하고 평소 생활 속에서 지인들에게 신뢰를 쌓은 후 다시 도전하라고 조언한다.

당신의 아이디어를 사는 사람은 평소 당신 옆에서 당신을 지켜보는 사람이다. 가족, 친구, 직장동료가 당신의 아이디어를 사는 잠재고객이다. SNS 이웃들, 온라인 카페 지인도 잠재 고객이다. 이들은 모두 평소 당신의 언행을 지켜보면서 당신이 목표한 일을 얼마나 고집스럽게 추진하는지 관찰하고 있다.

내친김에 내가 게임에버랜드 아이디어를 팔게 된 극적인 이유도 이 자리에서 소개한다. 나는 온라인 아바타 게임 아이디어를 가지고 몇 달째 에버랜드 실무자들과 입씨름을 하고 있었다. 처음에 문전박대하던 직원들이 결국 나를 인정하고 만나주었지만 프로젝트

진척까지는 많은 어려움이 있었다. 그날도 해당 팀원들과 프로젝트를 가지고 떠들썩하게 토론하고 있었다. 그때 갑자기 저 멀리에서 누군가 나를 크게 부르는 소리가 들렸다. 놀라서 돌아보니 내가 다니던 전 직장의 이사님이었다.

나는 이사님이 웬일로 이곳까지 오셨냐고 물었다. 이사님도 내가 왜 여기에 왔는지 물었다. 이사님은 얼마 전 이 회사의 상무직으로 인사발령이 났다고 했다. 이사님은 이곳에서 나를 만난 것을 무척 이상하게 생각하는 것 같았다.

그런데 이사님은 말단 사원이었던 나를 어떻게 알고 있었을까? 이사님은 내가 근무했던 회사의 인사 담당 임원이었다. 나는 소위 그 회사의 문제 사원이었다. 나는 회사에서 크고 작은 일을 일으키며 자주 인사팀으로 불려갔다. 그 덕분에 인사팀의 이사님도 나를 잘 알고 있었다. 나는 이사님이 나를 긍정적으로 생각하는지, 부정적으로 생각하는지는 잘 모르고 있었다.

나는 전 직장에서 여러 번 이사님으로부터 훈계를 들었던 기억이 있었다. 그런 이사님을 이곳에서 만나게 되어 어쩌면 지금까지 진행해왔던 것을 물거품으로 만들 수도 있겠다는 생각이 들었다. 더구나 이사님은 나를 심각하게 바라보고 있었다. 곧 나에게 전 회사에서도 모자라 다른 회사에까지 와서 문제를 일으킬 것이냐고 호통을 칠 것만 같았다.

잠시 침묵이 흐르고 나서 이사님은 내가 하려는 일을 설명해보라고 하셨다. 나는 천천히 프로젝트에 대해 말씀드렸고 내 이야기를 다 들은 이사님은 아무 말 없이 돌아가도 된다고 하셨다. 이사님은 과묵한 성격으로 말을 아끼는 분이었다. 이사님이 직원들에게 나를 도와주라고 말했는지, 반대로 돕지 말라고 했는지는 확인할 수 없었지만, 이후로 프로젝트가 비교적 순조롭게 풀렸다.

결과적으로 나는 이사님이 나를 돕고 있다는 것을 알 수 있었다. 우려와는 달리 이사님은 나를 긍정적으로 보고 회사가 내 아이디어를 사도록 도운 것이다.

내가 전 직장에서 아무런 문제를 일으키지 않았다면 이사님이 내가 어떤 사람인지 알 리가 없었다. 나는 전 직장에서도 고집스럽게 내 의견을 관철시키는 편이었고, 이사님이 그것을 평소 눈여겨보고 아이디어를 실현할 사람으로 인정한 것이다. 나는 이 일로 다시 한번 깨닫게 되었다.

아이디어를 사는 사람은 아이디어를 파는 사람을 관찰하는 사람이다. 아이디어를 파는 사람이 아이디어를 실현하기 위해 얼마나 열정을 가지고 일하는지를 아는 사람이다.

아이디어를 파는 사람은 어떻게 자신의 열정을 증명해야 할까? 끊임없이 문제를 일으키면 된다. 자기가 실현하고 싶은 아이디어를 끊임없이 알리고, 주변에 있는 사람들을 설득하려고 덤비면 된다. 그리고 작은 것일지라도 자신의 성공 사례를 하나하나 만들어가면서 주변 사람들에게 보여주면 된다.

갑자기 직장 동료들 앞에서 내일부터 5분 일찍 출근하겠다고 선언하고 매일 지속한다면 좋은 성공사례다. 가족들에게 앞으로 금연하겠다고 선언하고 약속을 지킨다면 이 역시 좋은 성공사례다. 매일 하나씩 블로그 포스팅을 하겠다고 선언하고 1년간 지키는 모습을 보여주는 것도 좋은 성공사례. 사소한 것일지라도 당신이 선언한 것을 지켜본 사람들은 당신의 아이디어를 살 가능성이 아주 높다.

다이어트, 운동, 독서, 봉사활동, 책 쓰기 등 연초나 월초에 실천 가능하고, 측정 가능한 작은 계획을 세우고 SNS에 공개한다. 노력하고 실천하는 모습을 SNS로 보여준다. 결과가 나오면 사진이나 동영상으로 찍어 SNS로 보여준다.

나는 언젠가 우리나라에서 1, 2위를 다투는 유명 이러닝(e-learning) 회사에 아이디어를 판매한 적이 있다. 이 프로젝트가 진행된 경위는 이렇다. 어느 날 아는 후배가 나를 찾아왔다. 그는 최근에 이러닝 회사에 주요 간부로 입사했고, 신규사업 아이템을 찾고 있던 중 내가 생각나서 찾아온 것이다. 그 후배는 오랫동안 나와 교류하면서 내가 교육 분야에도 많은 아이디어가 있음을 알고 있었다. 나는 그 자리에서 후배에게 흥미로운 아이디어 몇 개를 선보여주었다.

그러자 그 후배는 어떤 아이디어를 선택해야 할지 혼란스러워했다. 후배는 회사의 간부이기는 하지만 결정권은 없었다. 추진할 신규 사업은 팀 내에서 논의하고 합의를 거친 후 결재라인을 거쳐 최종적으로 CEO의 허락을 받아야 가능했다. 나는 이 후배에게만 아이디어를 늘어놓는 것이 비효과적임을 깨달았다. 내가 임시로 조직에 들어가 내부 직원들을 만나 교류하면서 아이디어를 제안하고 설득해야 할 필요성을 느꼈다.

　　그래서 나는 후배에게 후배의 회사와 내가 신규 사업 컨설팅 계약을 맺는 것이 좋겠다고 제안했다. 일주일에 한 번 신규 사업 관련 회의를 열고 내가 그 회의에 참석해 아이디어를 제시하고 토론하는 형식이었다. 후배는 이런 전례가 없어서 쉽지 않다고 말했지만, 나는 그것이 최고의 방법이라고 말했고 회사에 공식적으로 제안해보라고 말했다. 후배는 일주일 후에 제안이 받아들여졌다며 계약을 체결하자고 말했다.

　　나는 후배의 회사와 공식적인 계약을 맺고 그 회사에 들어가 일주일에 한 번 회의에 참석하는 조건으로 매월 일정한 보수를 받았다. 이 계약이 가능했던 이유는 그 후배가 평소 나와 교류하면서 나에 대한 신뢰를 갖고 있었기 때문이다. 만날 때마다 늘 새로운 아이디어를 제시하고, 그것을 이루기 위해 만나는 사람들마다 의견을 묻고 협조를 구하는 내 생활 습관을 알고 있었기 때문이다.

　　당신에게 돈을 주고 아이디어를 사는 사람은 당신을 알고 있는 사람이다. 그는 당신이 꺼지지 않는 열정으로 아이디어를 실현할 사람이라는 것을 안다. 당신과 가까이 지냈다고 해서 당신을 아는 것이 아니다. 오랫동안 만났다고 당신을 아는 것도 아니다. 짧게 만났더라도, 처음 만났더라도 당신의 열정을 확인했다면 그 사람이 당신의 아이디어를 사는 고객이다.

나는 처음 만나는 사람에게도 거침없이 아이디어를 판다. 두 시간 동안 내 강의를 들은 많은 사람이 그 자리에서 버터플라이인베스트먼트 무자본 창업 아이디어 패키지를 구매한다. 아이디어가 무슨 내용인지 묻지도 않고, 보지도 않고 결제를 한다. 왜 그럴까? 두 시간 동안 내가 추진하는 아이디어 사례를 들으면서 충분히 신뢰를 확보했기 때문이다.

나는 얼굴을 본 적 없는 사람에게도 아이디어를 판매한다. 나는 신태순 대표와 함께 무자본 창업에 관한 책을 두 권 출판했다. 책을 읽은 많은 분들이 우리를 만나보지도 않고, 바로 홈페이지에서 아이디어 패키지를 구매했다. 왜 그럴까? 그것은 책을 읽으면서 우리가 제시하는 아이디어가 무엇인지, 이 아이디어들이 어떤 효과가 있는지에 대해 충분히 신뢰를 확보했기 때문이다.

한편 나는 기업에 여러 번 아이디어를 판매했지만 성공적인 결과로 이어진 경우는 드물었다. 왜 그랬을까? 나는 그 이유가 궁금해 한동안 이에 대해 깊이 생각해보았다.

기업은 참으로 많은 사람이 아이디어에 관여한다. 다양한 사람이 다양한 시각으로 아이디어를 바라본다. 그 과정에서 호응을 받기도 하고 비판을 받기도 한다. 그런데 불행히도 기업에서는 그 아이디어를 끝까지 책임질 사람이 없다. 담당자라고 해도 월급을 받는 직원일 뿐이다. 상사들의 눈치를 볼 수밖에 없고, 아이디어보다는 자신의 자리를 지키는 것이 우선이다. 처음에 특별했던 아이디어의 콘셉트도 담당자에 따라, 상황에 따라 흔들린다. 사람과 환경에 타협하기 시작하면서 아이디어는 점점 색깔이 희미해진다. 그러다 자연스럽게 종말을 맞이하게 된다.

기업에서 아이디어를 굳게 지킬 수 있는 사람은 CEO뿐이다. 그런데 CEO도 바뀐다는 게 큰 문제다. 특히 대기업이라면 더욱 자주 CEO가 바뀐다. 나는 CEO가 바뀌는 바람에 프로젝트가 물거품이 되는 경우를 보면서 기업에게 아이디어를 파는 것에 미련을 갖지 않기로 했다. 그럼 누구에게 아이디어를 팔아야 할까?

나는 개인에게 아이디어를 팔아야 한다고 생각했다. 개인에게 아이디어를 팔면 결정도 빠르고, 책임자가 분명하고 타협할 사람도 적기에 아이디어를 실행에 옮기는 것도 쉬울 거라 판단했다. 그런데 개인은 기업에 비해 자금이 넉넉지 않은 단점이 있다. 그래서 나는 대부분의 아이디어 판매 가격을 대폭 낮추기로 했다. 기업을 대상으로 판매할 때는 수천만 원이 기본이었지만, 개인에게는 100만 원 선에서 팔면 되겠다고 판단했다.

나는 무자본 창업 아이디어 패키지의 판매 가격을 부가세를 포함해 110만 원으로 책정했다. 강의 아이디어 패키지와 책 쓰기 아이디어 패키지도 110만 원에 판매하고 있다. 110만 원을 주고 아이디어 패키지를 산 고객은 아이디어를 그대로 실천해도 되고, 마음껏 변형해 사용해도 된다. 이렇게 전략을 바꾸자 기업에 아이디어를 판매할 때보다 매출이 안정적으로 돌아섰고, 에너지 소모도 줄어들었다.

아이디어를 판매하려는 사람은 아이디어를 꼭 기업에 팔려고 집착할 필요가 없다. 개인에게 아이디어를 파는 것이 오히려 더 좋은 방법이 될 수 있다.

나는 개인이라도 꽤 중요하게 여기는 아이디어는 최소 천만 원이상 비교적 비싸게 판다. 아이디어가 너무 싸면 사는 사람의 애착이 식기 쉽고, 다른 아이디어에 눈을 돌릴 가능성이 크기 때문이다. 중요한 아이디어라고 판단되면 사는 사람이 최소한의 애착을 갖고 실현 의지가 생기도록 적당히 비싸야 한다.

중요한 아이디어 중에서 더 특별한 아이디어가 있다면 그 값은 얼마로 책정해야 할까? 누구에게나 생명처럼 소중히 여기는 중요한 아이디어가 있을 수 있다. 그런 아이디어는 너무도 소중해서 돈으로 가치를 측정하기 곤란하다. 나의 경우를 말한다면 그런 아이디어는 값을 무한대로 책정한다.

나는 '무자본이 가장 거대한 자본'이라는 아이디어를 발견하고 그 가치를 측정해보았다. 이 아이디어는 자본의 문제로 창업을 어려워하는 사람에게 희망이 되고, 자본의 문제를 해결하는 현실적인 솔루션이 된다. 나는 이 아이디어가 우리나라뿐 아니라 전 세계 사람들에게 도움이 될 거라 확신했다. 그리고 현재뿐 아니라 미래에도 영원히 그 효력이 있을 거라고 판단했다. 나는 이 아이디어의 가치가 무한대라고 생각한다.

무한대! 무한대? 아이디어의 값을 무한대로 책정하면 안타깝게도 한 번에 돈을 받고 파는 것은 불가능하다. 나는 값이 무한대인 아이디어를 파는 방법에 대해 고민했고, 여러 번 시행착오를 겪으면서 나름의 방식을 발견해 활용하고 있다.

나는 '무자본이 가장 거대한 자본'이라는 아이디어를 실현할 버터플라이인베스트먼트의 개념을 소개했고, 신태순 대표가 관심을 보였다. 신태순 대표는 소정의 비용을 결제하고 이 사업의 첫 번째 고객이자 공동 창업자가 되었다. 나는 사업의 명분과 비즈니스 모델을 정립하고 무자본 창업 아이디어의 소스를 제공한다. 신태순 대표는 창업 아이디어를 문서로 정리하고, 사업을 마케팅하고, 회사를 운영한다. 신 대표가 CEO를 맡는 대신 나는 대주주가 되어 대표를 견제한다. 회사의 수익은 나와 신 대표가 합의해 분배한다.

회사는 고정비가 거의 없어 일부러 폐업하지 않는 한 망할 염려가 없다. 이 말은 곧 내가 이 사업에 애착을 버리지 않는 한 회사는 계속 생존해 끝까지 수익을 만들어준다는 의미다. 나는 이 회사가 나의 사후에도 계속 생존하게 만들 것이다. 그때의 수익은 내가 지정한 후계자가 누릴 것이다. 이것이 내가 무한대로 값을 매긴 아이디어로부터 수익을 창출하는 방법이다.

나는 '호기심을 살리는 우리들의 대학교, 큐니버시티'라는 아이디어의 가치도 무한대로 책정했다. 이 아이디어에 처음으로 관심을 보인 것은 최성호 대표였다. 최성호 대표는 소정의 비용을 결제하고 이 사업의 첫 번째 연구원이자 공동 설립자가 되었다. 나는 학교의 명분과 비즈니스 모델을 정립하고 학교의 전반적인 전략을 제공한다. 최성호 대표는 연구원을 모으고, 세미나를 열고, 논문을 출판하면서 학교를 운영한다. 최성호 대표가 총장을 맡는 대신 나는 대주주가 되어 총장을 견제한다. 학교의 수익은 나와 최 총장이 합의해 분배한다.

나는 클라우드에어라인즈와 후크인터스텔라도 아이이디어의 가치를 무한대로 책정했다. 그리고 같은 방식으로 회사를 설립해 수익을 공유하고 있다. 시작은 초라하지만 끝은 아무도 모른다. 얼마나 큰 수익이 생길지는 우리의 능력과 열정에 달려 있다.

우리는 수평선을 보며 설레는 해적처럼 무한히 열린 가능성을 즐긴다. 나는 '누구나 하루만에 책을 쓸 수 있다'는 아이디어의 가치도 무한대로 책정했다. 그리고 앞의 회사들과 같은 방식으로 함께할 사람을 찾아 법인을 설립할 것이다. 그리고 무한히 열린 수익을 창출하는 기쁨을 누릴 것이다.

값을 매길 수 없는 소중한 아이디어의 값은 무한대로 책정하라. 그리고 함께할 사람을 찾아 무한히 열린 수익을 창출하는 기쁨을 누려라.

개인에게 아이디어를 판다면 개인 잠재고객을 어떻게 찾는지에 대해서도 알아두어야 한다. 솔직히 나는 사교적인 편이 아니다. 인맥도 많지 않다. 또 인터넷이나 SNS를 능숙하게 다루지도 못한다. 그런 내가 아이디어를 팔고 있다는 사실은 사교적이고 인맥이 많고 SNS를 능숙하게 다루는 것이 아이디어를 파는 필수조건이 아님을 증명해준다.

우선 나는 누구를 만나든 어떤 상황에서든 아이디어를 꺼내놓고 대화한다. 아이디어가 누구에게나 필요하고 도움이 된다고 믿기 때문이다. 나는 강의와 책에서도 늘 아이디어를 펼치기를 좋아한다. 내가 하는 모든 강의와 내가 쓴 모든 책은 특정 아이디어에 기반해 만들어졌고 그 안에서 다양한 아이디어를 발견할 수 있다. 그러면 사람들은 강의 제목을 보고, 책 제목을 보고 내 아이디어에 접근한다. 강의를 듣고, 책을 읽고, 공감하고 신뢰를 느낀 사람들은 아이디어를 구매한다.

나는 SNS를 거의 하지 않지만 블로그 운영은 하고 있다. 주로 블로그에 아이디어를 제시하고, 아이디어에 관심 있는 사람을 찾는 편이다.

그럼 어떤 개인이 아이디어를 찾고, 아이디어를 구매하는 것일까? 내 경험으로 보건대 새로운 것에 관심이 없고, 성격이 현실적인 사람은 아이디어에 관심을 갖지도 않고, 구매하지도 않는다. 또 비판하기를 좋아하고, 분석하기를 좋아하는 사람들도 아이디어를 구매하지 않는다. 아이디어를 찾고 구매하는 사람들은 새로운 것을 찾고, 꿈이 있고, 변화를 추구하는 사람이다.

한 시간 정도 대화를 나눠보면 대략적으로 그 사람의 성격을 파악할 수 있다. 안정을 바라고 순응하고 매사에 조심조심하는 사람은 새로운 시도를 하지 않는다. 그들은 상황이 나빠지지 않는 것을 희망할 뿐, 자신의 삶에 마법 같은 변화가 일어나는 것은 바라지도 않고, 상상하지도 않는다. 이런 성격의 사람들에게 아이디어를 파는 것은 정말 어렵다.

생각이 많은 사람, 비판하고 분석하기를 좋아하는 사람은 결단을 내리기 어렵고, 행동하기는 더 어렵다. 이들은 결단하고 행동을 시작한 이후에도 끊임없이 의심하는 경향이 있다. 이런 성향을 가진 사람들에게는 아이디어를 판매하는 것도 어렵지만, 아이디어를 성공시키는 것은 더 어렵다. 나는 이런 성향의 사람에게 아이디어를 팔고 후회한 적이 몇 번 있다. 이들은 아이디어의 부정적인 면에 주로 주목한다. 그 부분에 너무 집착해 부정적인 면을 점점 더 키운다. 의심하고 불안해하면서 스스로는 한 발짝도 나가지 않고, 아이디어를 판 사람에게 책임을 전가한다.

나는 항상 아이디어를 떠들고 다니지만 상대방의 성격이 아이디어 구매에 맞지 않다고 판단되면 더 이상 아이디어를 말하지 않는다. 아이디어에 관심을 갖고 있으나 생각해보겠다고 하는 분들에게도 미련을 갖지 않는다. 나는 내 아이디어를 듣고 생각해보겠다는 분에게도 이렇게 자주 말한다.

"지금 이 아이디어를 사겠다고 말하지 않으면 이후에 사겠다고 해도 저는 팔지 않겠습니다."

아이디어를 사는 사람은 이상적이고, 감성적이며, 결단이 빠른 사람이다. 이런 분은 늘 현실을 바꾸기 위해 책을 읽고 강의를 듣는다. 아이디어를 사는 사람은 마법 같은 변화를 믿으며, 모험을 두려워하지 않는 사람이다.

또 아이디어를 사는 사람은 아이디어의 부정적인 면보다 긍정적인 면에 주목한다. 이들은 긍정적인 면을 점점 키워 전체 아이디어를 매력 덩어리로 만든다. 이들은 아이디어를 사자마자 이미 실현한 것처럼 좋아하고, 바로 실행하지 않고는 견디지 못할 정도로 몸을 들썩인다.

아이디어를 팔고 싶다면 현실에 순응하는 사람이 아닌, 현실을 깨고 변화를 추구하는 사람을 찾아가라.

현실을 깨고 변화를 추구하는 사람들은 어디에 있고 어떻게 찾을 수 있을까? 보통 이런 성향을 가진 사람은 도전과 성공에 목말라 있기에 자신을 자극하는 책을 읽고 강연을 찾아 듣기를 좋아한다. 스쿨몬스터는 그런 사람을 찾기 위한 하나의 채널이다. 스쿨몬스터에서는 창업과 도전에 대한 여러 강의를 진행해왔고, 관련 책도 출판하고 있다. 그리고 블로그를 통해 소통하고 있다. 한마디로 나는 강의와 책, 블로그를 통해 아이디어 구매자들을 만나는 셈이다.

아이디어를 팔고 싶다면 여러분도 나처럼 도전과 모험에 대한 강의를 하고, 책을 쓰고, 블로그를 운영하면 된다. 반드시 강의, 책, 블로그일 필요는 없다. SNS를 잘하는 사람들은 페이스북이나 유튜브를 통해 아이디어 구매자를 만나도 된다.

먼저 판매하고 싶은 아이디어 리스트를 만든다. 판매 우선순위를 정하고, 아이디어 개요를 적어둔다. 아이디어 예상 구매자가 누군지 알아보고, 그들이 주로 모이는 온/오프라인 모임을 조사한다. 해당 모임에 정기적으로 출석해 신뢰를 쌓고 자신의 아이디어를 조금씩 공개하기 시작한다. 관심을 가지는 사람이 나타나면 직접 만나 아이디어에 대해 심층적인 대화를 나누고 판매를 진행한다.

현상을 단순하게 볼 줄 알아야 한다

아이디어를 살 수 있는 사람을 만났다면 이제부터 당신이 보여줄 것은 당신이 그 아이디어를 실현할 수 있다는 자신감이다. 아무리 멋진 아이디어처럼 보여도 사는 사람이 실현 가능성에 의문을 품는다면 아이디어 판매는 물거품이 된다. 아이디어를 파는 사람은 스스로 실현할 수 있다는 확신이 있어야 한다. 그러한 실현 가능성을 아이디어 구매자에게 의존해서는 안 된다.

"나는 멋진 아이디어가 있지만 자금이 부족해 실현할 수 없으므로 자금이 넉넉한 기업에 제안하러 왔다"고 말하는 단계라면 엄밀히 말해 그 아이디어는 이제 당신의 손을 떠났다. 이렇게 말하면 돈 많은 기업은 당신의 아이디어를 듣고 아무런 대가를 지불하지 않고 자기 것인 양 행동할 가능성이 크다.

나는 이런 사실을 잘 알고 있기 때문에 어떤 사람을 만나도 돈이 제약조건이라고 말하지 않는다. 재능에 대해서도 마찬가지다. "나는 멋진 아이디어가 있으나 재능이 없으므로 재능이 있는 당신에게 제안하러 왔다"고 말한다면 재능이 있는 사람은 당신에게 아무런 대가를 지불하지 않을 가능성이 크다. 다시 한번 강조한다. 스스로의 힘으로 실현하지 못할 아이디어를 판매하는 것은 기적이라고 할 만큼 어렵다. 그래서 특허가 필요하지 않느냐고 말할 수 있지만 특허가 있더라도 마찬가지다. 특허를 팔아 제대로 값을 받는 것도 힘이 있어야 가능한 일임을 알아야 한다.

나는 얼마 전에 〈커런트 워〉라는 영화를 보았다. 이 영화에서 천재 발명가 니콜라 테슬라와 사업가 조지 웨스팅하우스가 만나는 장면이 나온다. 웨스팅하우스가 테슬라의 아이디어를 사겠다고 말하자 테슬라는 처음에 5,000달러를 요구한다. 이에 웨스팅하우스가 아무런 반응이 없자 테슬라는 1,000달러만 달라면서 값을 크게 낮춘다. 이 말을 듣고 웨스팅하우스는 너무 황당해 테슬라를 애처롭게 쳐다본다. 웨스팅하우스가 생각하기에 테슬라가 요구하는 금액은 터무니없이 저렴한 금액이었기 때문이다.

다행히 웨스팅하우스는 매우 양심적이어서 자신이 합리적이라고 생각하는 안을 제시한다. 그가 제시한 조건은 테슬라가 상상도 못 한 큰 보상이었다. 일반적인 사업가라면 테슬라가 요구한 금액을 듣고 그대로 받아들였거나 그마저도 깎으려 했을 것이다.

테슬라는 왜 그토록 낮은 금액을 제시했을까? 테슬라는 혼자의 힘으로 아이디어를 실현할 자신이 없었기 때문이다. 만약 테슬라가 자신의 아이디어를 스스로 실현할 자신감이 있었다면 웨스팅하우스가 제시하는 것보다 훨씬 큰 보상을 받을 수 있었을 것이다.

내가 에버랜드에 찾아가서 아이디어를 제시했을 때, 담당자는 내가 구상한 게임을 직접 개발할 수 있는지 물었다. 나는 당연히 직접 개발할 수 있다고 말했다. 하지만 나는 개발자가 아니고 개발팀도 갖고 있지 않았다. 그럼에도 내가 개발할 수 있다고 자신 있게 말한 이유는 나를 대신해 개발해줄 기업들이 있다는 것을 알고 있었고 그들에게 개발을 의뢰하면 될 만한 일이었기 때문이다.

에버랜드의 또 다른 직원은 내 아이디어를 자신들이 사주지 않으면 어떻게 할 것인지 물었다. 그 질문에 나는 롯데월드나 디즈니랜드에 찾아가서 제안할 거라고 말했다. 만약 그마저도 안 된다면 펀딩을 받아서 사업을 직접 시작할 거라고 말했다. 이렇게 거침없이 대답하는 나를 본 직원들은 무시하지 못했고, 대가를 지불할 수밖에 없었다.

20대의 젊은 대학생이었던 손정의는 일본 대기업에 아이디어를 팔았다. 그가 아이디어를 팔 수 있었던 이유가 특허를 가지고 있었기 때문일까? 결코 그렇지 않다. 일본 대기업이 그에게 대가를 지불한 이유는 나이는 어리지만 손정의가 그 아이디어를 직접 실현할 인재임을 알아봤기 때문이다. 대학생 손정의는 대기업과 계약을 맺고 학교로 돌아와 계약서를 교수에게 보여주며 학교 내에 즉시 개발팀을 꾸렸다고 한다.

제품을 개발하고 프로젝트를 추진한다고 하면 대부분의 사람들은 그 일을 복잡하게 생각하고 실행하기 어렵다고 판단한다. 아이디어를 기획하는 사람들도 그런 경향이 강하다. 상상하는 것 자체는 좋아하지만 직접 실행하는 것은 꺼려한다. 이런 마인드로는 아이디어 판매가 거의 불가능하다. 아이디어를 팔아 돈으로 만들고 싶다면 무엇보다 실행력에 중점을 두어야 한다.

스스로 실행하고 싶지 않은 아이디어는 죽은 아이디어다. 반면 큰 업적을 이룬 사람들은 모두 뛰어난 아이디어맨이다. 그들은 상상에만 그치지 않고 직접 행동해 결과를 보여주었다. 뛰어난 예술가는 모두 뛰어난 행동가다. 그들은 상상한 것을 화폭에 담았고, 오선지에 그렸다. 뛰어난 작가도 모두 뛰어난 행동가다. 그들은 상상한 것을 구체화해 하나하나 글자로 표현한다. 뛰어난 정치가나 군인들도 뛰어난 행동가다. 그들은 직접 정치 현장에서 뛰고, 직접 전쟁터에서 싸운다. 뛰어난 발명가와 사업가도 모두 뛰어난 행동가다. 그들은 머릿속의 상상을 제품으로 구현하고, 상품으로 만들어 세상에 전파한다.

뛰어난 행동가는 위대한 아이디어맨이다. 이순신 장군이 뛰어난 행동가라는 것을 부인하는 사람은 없을 것이다. 뛰어난 행동가가 왜 위대한 아이디어맨인지 이순신 장군의 예를 들어 살펴보자. 이순신 장군은 왜적을 물리치는 다양한 전술을 창안했고, 새로운 무기도 창안했다. 그리고 자신이 창안한 무기를 만들어내고 전술도 직접 실행했다. 이순신 장군은 세계 최초로 철갑선 아이디어를 창안하고 기술자들을 모아 직접 만들게 했다. 이순신 장군은 위대한 아이디어맨이 확실하다.

세종대왕도 뛰어난 행동가이자 위대한 아이디어맨이다. 세종대왕은 나라의 기틀을 다지기 위해 새로운 제도를 연구했고 다양한 아이디어를 냈다. 이를 솔선수범하면서 신하들이 따르도록 만들었다. 세종대왕은 백성들의 편안한 생활을 위해 다양한 발명이 필요함을 느꼈고, 이를 실현하기 위해 장영실을 발탁해 발명품을 구현해냈다. 그리고 백성들이 자신의 뜻을 표현하지 못하는 것을 안타깝게 여겨 새로운 문자가 필요함을 느꼈고, 손수 문자를 발명해 백성들이 사용하게 해주었다. 세종대왕은 누구보다 위대한 아이디어맨이다.

아이디어를 파는 사람은 그 아이디어를 실천할 의지를 보여야 한다. 아이디어 창조자에게 실행 의지가 없다면 아무도 그 아이디어를 사지 않는다.

뛰어난 사업가는 위대한 행동가이며, 위대한 행동가는 모두 위대한 아이디어맨이다. 나는 정주영 회장이 자동차 제조 사업을 시작한 일화를 듣고 충격을 받았다. 자동차 제조 사업을 시작하기 전, 정주영 회장은 자동차 수리점을 하고 있었다. 정주영 회장은 어느 날 자동차 수리만 하는 일에 싫증을 느끼고 지인들을 불러 직접 자동차를 만들어보자고 제안했다. 그러자 그 말을 들은 지인들은 한 결같이 "우리가 어떻게 자동차를 만듭니까? 기술도 없고 자본도 없는 우리가 자동차를 만드는 것은 불가능합니다"라고 말했다. 전문가일수록 반대는 더 심했다. 그들을 보며 정주영 회장은 이렇게 말했다.

"자동차가 뭐 별겁니까? 철판에 바퀴 달고, 엔진 사다 끼우면 그게 자동차 아닙니까?"

정주영 회장의 눈에는 자동차를 만드는 것이 그리 어렵고 복잡해 보이지 않았다. 아주 간단해 보였고, 누구라도 할 수 있는 일로 보였다. 물론 실제로 어떤 일을 하다 보면 예상치 못한 난관이 있기 마련이다. 하지만 정주영 회장은 그 문제도 하나하나 부딪쳐 나가면서 해결할 수 있다고 믿었다.

모두 알다시피 정주영 회장은 참으로 많은 사업에 도전했고 결과를 이뤄냈다. 그가 추진한 사업들은 다른 사람들이 보기에 모두 불가능한 것처럼 보였을 것이다. 하지만 정주영 회장은 자신이 상상하는 것을 모두 이룰 수 있다고 믿었고, 믿음대로 이뤄냈다. 위대한 사업가는 현상을 극도로 단순하게 바라보는 성향이 있는 것 같다. 나는 정주영 회장의 일화를 듣고 큰 용기를 얻었다.

어느 날 패션사업에 관심 있는 청년이 나를 찾아왔다. 그는 자신만의 패션브랜드를 만들고 싶어 했다. 나는 그에게 그것은 참으로 간단한 일이라고 이렇게 말해주었다.

"당신이 만들고 싶은 브랜드의 이름을 정하고, 제품 콘셉트를 정하고, 마지막으로 마진이 충분히 남도록 적정한 가격을 정하십시오. 그리고 당신을 신뢰하는 사람을 찾아가 당신이 만들 제품을 설명해주고, 정해진 값에서 약간 할인해 파십시오. 당신을 신뢰하는 사람 중에서 그 제품이 필요한 사람들이 분명 있을 것이고, 기꺼이 결제할 고객도 있을 것입니다. 미리 결제한 고객 다섯 분이 확보되면 당신의 제품을 생산해줄 공장을 찾아가 생산을 의뢰하십시오. 그리고 생산된 제품을 고객에게 제공하십시오. 그러면 고객은 만족할 것이고 적정한 이윤도 남을 겁니다. 이 방식을 고수하되 제품의 품질을 높이면서 계속 사업을 하면 됩니다."

청년은 나의 조언에 놀라워하면서 이렇게 대답했다.

"대표님, 그게 말처럼 쉬운 것인가요?"

나는 그 말에 이렇게 말해주었다.

"쉽다고 생각하면 쉽고, 어렵다고 생각하면 어렵습니다. 제 생각에는 너무 쉬운 사업이에요. 말처럼 쉽다 생각하시고 확신을 갖고 추진한다면 반드시 해내실 겁니다."

청년은 정말 내 말대로 실행했다. 그리고 한 달 후 자신이 만든 제품을 들고 와 자랑스럽게 보여주었다.

어느 토요일, 저녁을 먹고 있는 시간에 휴대전화가 울렸다. 수화기 건너편에서 미안해하고 당황해하는 어떤 청년의 목소리가 들렸다.

"대표님, 갑작스럽게 전화드려서 대단히 죄송합니다. 저는 어제 서울에서 대표님 강의를 들은 사람입니다. 아주 급한 일이 있어서 그런데, 오늘 밤에 찾아봬도 될는지요?"

"무슨 급한 일인데 그러시는지요?"

나는 퉁명스럽게 물었다.

"사실 내일 중요한 계약을 앞두고 있습니다. 계약을 하기 전에 대표님을 만나 꼭 여쭙고 싶은 것이 있어서요."

청년의 목소리에는 다급함이 묻어 있었다. 왠지 그의 요청을 거절하면 안 될 것 같았다. 나는 그를 만나보기로 했다. 1시간 30분쯤 지나 내가 자주 가는 카페에서 청년을 만났다.

청년은 다음 날 매우 중요한 매장 임차계약을 앞두고 있다고 말했다. 그 매장을 임차하기 위해서 상당한 자본이 필요했고, 각종 대출을 통해서 자본금을 마련할 계획이라고 했다. 그런데 내 강의를 듣고 매장을 임차하겠다는 결정이 잘못된 것임을 깨달았다고 했다.

그는 사람들이 자유롭게 공부하는 독서실 사업을 추진하고 있었다. 적당한 건물의 공간을 임차해서 인테리어를 하고 직원을 뽑아 운영하는 방식이었다. 독서실 하나가 세팅이 되면 또 다른 지역의 건물을 물색해 독서실을 또 하나 오픈하는 식이었다. 말하자면 직영 독서실을 연쇄적으로 여는 사업이다.

그 사업을 하기 위해서는 투자와 대출을 끊임없이 받아야 했다. 이러한 방식이 지금까지 그가 취해온 사업의 방식이었다. 나는 그에게 아주 위험한 생각이라고 알려주면서 덧붙였다.

"한국에는 현재 수많은 독서실이 있습니다. 주로 경영을 모르는 사람들이 주먹구구식으로 운영하죠. 그래서 독서실 중 절반 이상이 적자를 겪고 있습니다. 그중 상당수의 독서실 사장님들이 독서실을 정리하고 싶어도 임대 기간이 남았다는 이유 등으로 울며 겨자 먹기로 운영하고 있을 겁니다. 그런 독서실을 찾아가 임대료만 내는 조건으로 운영권을 인수하십시오. 이렇게 하면 돈 없이 무제한으로 독서실을 열 수 있습니다."

내 눈에는 청년의 사업이 너무 간단한 방식으로 운영할 수 있을 것으로 보였고, 해법도 아주 간단해 보였다. 청년은 너무 간단하게 답을 내리는 나를 약간 의아하게 보는 듯했지만 진지하게 나의 조언을 경청했다. 나는 그에게 사업을 단순하게 바라보고 우직하게 실천해보라고 말했다. 청년은 그대로 실천해보겠다고 말하고 돌아갔다.

며칠 후 청년에게서 연락이 왔다. 돈을 주고 임차하기로 한 계약은 취소했다고 했다. 그 대신 더 좋은 곳을 자본 없이 확보했다는 소식을 전해왔다. 내 말대로 행동을 하니 정말 그대로 되는 것이 너무 신기하다고 말했다.

아이디어를 팔아 돈으로 만드는 사람은 불굴의 행동가여야 한다. 그들은 남들이 불가능하게 보는 일을 단순하게 보고 우직하게 실천한다.

아무리 복잡한 것도 처음에는 극도로 단순하게 바라보아야 한다. 그러면 불가능한 일이 가능하게 보인다. 이후에 필요한 구체적인 일들은 단계별로 생각하고, 외부 전문가를 최대한 활용할 필요가 있다. 무슨 일이 발생하든지 그 문제를 해결할 전문가가 있다고 믿어야 한다.

아무리 크고 복잡한 건물도 한 사람의 단순한 생각에서 출발해 수많은 전문가들의 도움으로 완성된다. 아무리 복잡한 사업도 한 사업가의 유치한 착상에서 출발해 수많은 사람들의 협력으로 완성된다. 된다고 믿으면 반드시 된다.

결국 아이디어맨은 남들이 불가능하다고 한 일을 가능하다고 믿고 우직하게 실천하는 사람이다.

아이디어 판매 현장에서 필요한 것들

아이디어를 판다는 것은 아주 짜릿한 경험이다. 이 경험이 짜릿한 이유는 이런 일이 쉽게 일어나지 않고, 아무에게나 일어나지 않기 때문이다. 아이디어를 파는 사람에게는 특별한 안목과 특별한 전략이 있어야 한다. 아이디어를 팔기 위해 필요한 특별함은 무엇일까? 지금부터는 아이디어 판매 현장에서 아이디어맨에게 필요한 특별한 것에 대해 알아본다.

1 넓은 시야, 장기적 안목

나는 직장에 다닐 때 회의 시간이나 회식 자리에서 푸념하는 동료들의 이야기를 자주 들었다. 그들은 아무리 열심히 머리를 짜내어 기획안을 올려도 상사들이 들어주지 않는다고 했다. 어떤 사람은 1년간 수십 개의 기획안을 올렸지만 단 한 번도 실행된 적이 없다며 자괴감이 들 정도라고 했다.

내 경우를 말하자면 다행스럽게도 기획안이 통과된 경험이 훨씬 많다. 나는 기획안을 자주 제출하지는 않았지만 반드시 통과된다는 신념으로 일하는 편이었다. 통과되는 기획안과 통과되지 않는 기획안에는 어떤 차이가 있는 걸까?

나는 애써서 만든 기획안이 통과되지 않는 가장 큰 이유는 기획자의 좁은 시각에 있다고 생각한다. 기획자의 시각이 조직 전체를 바라보지 못하고 부서 안에 갇혀 있거나, 단기적이고 부분적인 문제에 치우쳐 있다면 받아들여질 가능성은 별로 없다.

기획자는 항상 CEO의 입장에서 문제를 바라보아야 한다. 아니, 더 나아가 CEO도 생각하기 어려운 경영 환경과 글로벌 트렌드까지 고려해야 한다고 생각한다. 아이디어의 최종 결정권자는 CEO다. CEO의 마음을 읽지 못하고, 그 이상을 보지 못하면 애써 만든 아이디어라도 빛을 보기 어렵다.

이런 말을 하면 대부분의 사람은 CEO가 아니면서 어떻게 CEO의 마음을 알 수 있냐고 투덜댄다. 그렇다. 평소 CEO의 언어 습관과 행동 습관을 관찰하면서 CEO의 머릿속을 알아내라는 말이 아니다. 그것은 쓸데없는 짓이라고 생각한다.

그보다 기획자라면 평소에 '내가 CEO'라는 신념으로 일해야 한다는 의미다. 물론 이런 습관을 갖추는 것은 다소 에너지가 필요한 일이다. 하지만 나는 여기에 쏟은 에너지는 구체적인 업무에 들이는 에너지를 획기적으로 절감해준다는 사실을 깨달았다.

내가 대학을 휴학하고 들어간 광고회사에서 맡은 과제는 지방자치 도입 초기에 지방선거 후보자를 고객으로 모시는 일이었다. 당시는 어느 광고회사나 지방선거에 대한 경험이 없었고, 정당에서도 지방선거에 관한 짜임새 있는 전략을 갖추지 못했다. 그럼 광고회사들은 어떻게 수주 활동을 했을까?

대부분의 광고회사가 하는 수주 활동은 뻔하다. 당연히 우선적으로 인맥과 접대 활동에 의존할 것이다. 당시 나는 정당의 선거본부장 입장에서 문제를 바라보았다. 그러자 그들에게 선거 전략의 총체적 매뉴얼이 필요하다고 판단했고, 짧은 시간에 그것을 만들어냈다. 지방 정당을 찾아가 내가 만든 선거준비 매뉴얼을 제시했다. 짧은 시간에 만들었기에 매뉴얼은 허술했다. 하지만 이런 매뉴얼을 처음 접해본 정당 관계자들은 큰 관심을 보였다. 그들은 선거에 대한 전체 그림과 해법을 갖고 있는 우리에게 기꺼이 일을 맡겨주었다.

내가 대학생 때 모 대기업에 제출한 제안서가 받아들여진 이유도 비슷하다. 제안서를 쓴 사람이 해당 기업의 정체성과 나아갈 방향을 정확히 알고 있다는 신뢰를 주었던 것이 가장 중요한 이유라고 생각한다. 나는 수많은 부서 중에 하나의 부서에서 짧은 기간 동안 허드렛일을 하면서도 늘 그 기업의 정체성과 핵심역량을 파악하기 위해 관심을 가졌다. 내가 특별히 똑똑했던 것도, 특별히 부지런했던 것도 아니다. 무엇이 더 중요한지를 생각하고 한정된 시간의 일부를 중요한 일에 쏟는다면 누구나 할 수 있는 일이라고 생각한다.

아무리 많은 시간과 노력을 들인 기획안이라도 조직의 정체성과 나아갈 방향에서 어긋나 있다면 무용지물일 수밖에 없다. 내가 만든 기획안이 내가 속한 부서에는 맞지만 전체 기업의 방향과 맞지 않는다면 받아들여질 수 없는 것은 당연하다. 그래서 나는 아이디어 기획자에게 필요한 첫 번째 소양이 스스로 CEO라고 생각하는 넓은 시야와 장기적 안목이라고 생각한다.

눈앞에 있는 나무만 봐서는 지도를 제대로 그릴 수 없다. 높이 나는 새의 눈으로 숲을 볼 수 있어야 한다. 높은 곳에서 봐야 한다. 그러면 제대로 된 방향을 찾고 지도도 제대로 그릴 수 있다. 또 가능한 한 멀리까지 봐야 한다. 그래야 멀리 있는 더 큰 기회를 보고 눈앞에 있는 작은 시련을 즐겁게 맞이할 수 있다.

아이디어를 돈으로 만드는 아이디어의 진짜 주인은 늘 CEO처럼 생각하면서 전체 그림을 본다.

2 한 차원 높은 대안 제시

나는 직장을 몇 군데 다니면서 다양한 아이디어 회의에 참석했다. 어떤 곳이나 말을 잘하는 사람이 있고, 무뚝뚝한 사람이 있고,

자신의 생각을 꾸준히 말하는 사람이 있고, 아이디어의 문제점을 잘 찾아내는 사람이 있다.

여러분은 어떤 유형의 사람인가? 참고로 나는 무뚝뚝한 사람의 유형에 속했다. 흔히 아이디어맨이라고 하면 자신의 생각을 끊임없이 말하는 사람이라고 생각하기 쉽다. 나는 자타가 인정하는 아이디어맨이었지만 회의에 참석하면 누구보다 무뚝뚝한 사람이었다. 늘 다른 사람의 생각까지 고려해야 했기 때문이다.

나는 내 생각을 말하기 전에 사람들이 할 수 있는 일반적인 생각이 무엇인지 알아본다. 그런 생각은 흔히 말해 뻔한 생각이고 회의를 주재하는 팀장이나 CEO는 그런 생각을 평소에 자주 듣기 마련이다. 그래서 나는 일반적인 생각을 말하는 것은 아무런 가치가 없다고 생각한다. 그런 말은 내가 아니어도 해줄 사람이 많기 때문이다. 뻔한 생각은 결정권자도 이미 알고 있다. 내가 굳이 뻔한 말을 해서 결정권자에게 뻔한 사람으로 인식된다면 내가 정말 참신한 생각을 말했을 때 결정권자가 듣지 않고 흘려버릴 가능성이 높다.

그래서 나는 뻔한 생각, 뻔한 아이디어는 말하지 않는 편이 더 낫다고 판단했다. 그래서 회의에서 거의 말없이 무뚝뚝하게 있을 수밖에 없었다. 내가 말을 하는 경우는 아무도 생각하지 못한 한 차원 높은 해결책을 찾았을 때뿐이다. 물론 이런 경우는 흔치 않다.

애써 만든 기안서가 잘 받아들여지지 않는 두 번째 이유는 CEO들이 뻔한 기안을 그동안 수없이 받아봤기 때문이다. 직원들이 올린 뻔한 기안을 여러 번 실행해봤고, 별 소득이 없었다는 것을 경험적으로 알고 있기 때문이다.

기획자는 아이디어를 제안하기 전에 자신의 아이디어가 일반적인지 아닌지를 따져봐야 한다. 자신의 아이디어가 누구라도 제안할 수 있는 일반적인 아이디어라고 생각된다면 특별하게 다듬어야 한다.

그럼 특별한 아이디어는 어떻게 나올까? 결론부터 말하자면, 한차원 높은 곳에서 현상을 바라볼 때 탄생한다. 또 몇 단계 깊이 파헤쳐볼 때 탄생한다. 그런 아이디어는 상식에 반하기 때문에 특별해 보이고, 실제로도 한 차원 높은 아이디어다. 주변 사람들이 먼저 진면목을 알아보고 논란의 중심에 서게 된다. 하지만 한 차원 높은 해결책은 모든 사람에게 쉽게 받아들여지지 않는다. 처음에는 오히려 반대에 부딪힐 가능성이 높다. 분명히 말하지만 이런 아이디어만이 현실을 바꾸어 조직을 한 단계 앞으로 전진시킬 수 있다.

내가 마지막으로 몸담았던 직장은 글로벌 종합상사였다. 글로벌 종합상사였기 때문에 회사는 영어의 중요성을 매일 강조했고, 사원들의 영어 능력을 향상시키기 위해 많은 제도와 평가 시스템을 운영했다. 많은 사원들이 피곤한 몸을 이끌고 퇴근 후 영어학원에 다녀야 했고, 정기적으로 영어시험을 치르는 스트레스에 시달리고 있었다. 한편으론 영어에 대한 압박이 형식에 치우치고, 실무적으로는 도움이 안 된다는 의견도 있었다.

나는 보다 실질적인 정책이 필요하다는 것을 느끼고 나름의 대안을 만들어 기획안을 제출했다. 기획안의 핵심 내용은 부서마다 한국어를 모르는 한 명의 외국인을 고용해 함께 일하는 것이었다. 그와 소통하면서 모든 사원들이 자연스럽게 영어를 익히고, 영어를 활용하도록 유도하는 방안이었다. 초기엔 적응하는 데 힘들겠지만 회사 내에서 이뤄지는 모든 공식적인 소통을 영어로 하자고 제안하기도 했다. 물론 형식적인 영어 공부와 평가 시스템을 철폐하자는 안이 포함되었다.

내가 제출한 기획안은 회사 내에서 큰 이슈가 되었다. 말도 안 된다는 다수의 반대파 속에서 일리가 있다는 소수의 지지자가 있었다. 내 기획안을 지지하는 사람들은 몸소 행동으로 지지를 표명해주었다. 심지어 대표이사님은 아침 방송에 등장해서 영어로 떠듬떠듬 연설을 하기 시작했다. 홍보실에서는 그달 사보를 영문으로 제작해 배포했다. 내 기획안 때문이라고 단정할 수는 없지만 이후 외국인 사원이 등장해 회사에 출근하기 시작했다.

예전에 나는 홈쇼핑 채널에서 전자제품을 판매한 적도 있었다. 일선 대리점에 특정 제품의 재고를 미리 확보해놓고 홈쇼핑 채널에 들어가서 정해진 시간 동안 대량 판매를 하는 방식이었다. 판매량이 확정되면 해당 대리점에 전화해서 확보한 물량을 공급받았다. 홈쇼핑 채널로부터 물품 대금이 우리 회사로 들어오면 제품을 공급한 대리점으로 대금을 보내 결제하는 방법을 택했다.

나는 홈쇼핑 벤더사업을 선판매 후결제 방식으로 진행했다. 홈쇼핑 채널은 인지도 있는 대기업이 운영하고 있었다. 홈쇼핑에서 한 시간 정도 방송을 하면 물건이 대량으로 판매되었다. 홈쇼핑 채널은 대기업이니까 결제를 받는 데 문제가 없었다. 하지만 상품을 공급해주는 공급사들은 중간에 낀 우리 회사를 완전히 신뢰하기는 어려웠다.

상품 공급사들은 주로 대기업 대리점이나 해외에서 제품을 수입하고 국내 총판권을 가진 중소기업들이었다. 이 회사들은 홈쇼핑 채널을 뚫고 관리하는 일을 어려워했다. 홈쇼핑 채널 역시 각 기업들을 개별적으로 접촉하는 것을 번거로워했다. 자연스럽게 중간 역할을 하는 홈쇼핑 벤더가 필요했다.

우리는 여러 공급사들과 계약을 맺고 홈쇼핑 채널을 통해 다양한 전자제품을 팔았다. 이 사업의 특징은 신용으로 유지된다는 점이다. 자금이 풍부하다면 대량으로 싸게 제품을 구매해놓고 홈쇼핑에 판매하면 되지만 우리는 자금이 부족했다. 그래서 먼저 홈쇼핑 채널을 통해 상품을 판매한 후에 공급사를 통해 해당 상품을 신용으로 구매했다.

그런데 한번은 문제가 발생했다. 모 홈쇼핑 채널에서 S사 프린터를 대량으로 팔았던 때였다. 그날 우리가 판매한 S사 프린터는 단종된 모델이었고, 딱 한 대리점에서만 재고를 갖고 있었다. 대리점 사장님에게 전화를 걸어 재고를 판매하지 말아달라고 요청했지만, 대리점에서 이미 소매상에 물건을 풀어버린 것이다. 소매상에서도 이미 팔아버린 물건이 많아서 다시 회수할 수 없는 상태였다.

우리가 홈쇼핑 채널에서 판매한 상품의 수량은 200대였다. 일개 대리점에서 가지고 있을 물량이 아니었다. 큰일이었다. 약속대로 홈쇼핑 채널에 200대를 공급하지 못하면 우리는 막대한 손해배상을 해야 했고, 그날로 회사는 망할 수밖에 없었다.

나는 그 정도의 물량을 갖고 있는 곳은 S사 본사뿐이라고 생각했다. 곧바로 S사 본사로 달려가서 담당자를 만났다. 운이 좋게도 본사에는 충분한 재고가 있었다. 나는 200대 분량의 제품을 공급해달라고 요구했다. 그런데 담당자는 우리 회사에 공급을 하려면 대리점 계약을 맺어야 한다고 말했다. 대리점 계약을 맺기 위한 보증금도 내야 한다고 했다. 나는 그만한 자금이 없어 대리점 계약을 맺기 어렵다고 고백했다. 그러자 담당자는 전액 현금결제를 하고 가져가라는 답변만 할 뿐이었다.

나는 신용거래를 하지고 떼를 썼지만 담당자는 회사 규정이 있으니 절대로 그럴 수 없다고 했다. 담당자의 말도 맞는 말이었다. 규정도 규정이지만, 대기업에서는 예외를 만들지 않으려고 하기 때문이다. 담당자가 아니라 책임자가 와도 똑같은 말을 할 수밖에 없는 상황이었다. 나는 참담한 마음으로 돌아섰다. 막대한 손해배상을 치르고 회사 문을 닫아야 하는 절체절명의 순간이었다.

힘없이 S사 본사 건물 로비를 지나 출입구로 향하고 있는데, 마침 1층에 있는 모 은행의 간판이 눈에 들어왔다. 그 순간 한 가지 아이디어가 머릿속에서 떠오르기 시작했다. 그날의 상황은 물론 앞으로 일어날 유사한 상황을 타개할 수 있는 한 차원 높은 아이디어를 찾은 순간이었다.

나는 잠시 그 자리에 멈춰 서서 머릿속으로 아이디어를 정리한 후, 이 아이디어가 근본적인 해결책임을 확신했다. 곧바로 은행으로 들어갔다. 처음 만난 직원에게 지점장님을 만나고 싶다고 말했다. 그 직원은 내게 무슨 일로 왔냐고 물으며 절차를 밟아야 한다고 말했다. 나는 지금 바로 지점장을 만나게 해달라고 재차 부탁했다. 잠시 후, 밖에서 나는 시끌벅적한 소리를 들었는지, 지점장님이 나와서는 내게 안으로 들어오라고 했다.

나는 은행 지점장님과 단독으로 만나 지금의 상황을 설명했다. 그리고 그에게 우리 회사와 홈쇼핑사 간의 거래에 보증을 서달라고 요청했다. 나는 우리 회사의 계좌를 은행이 관리하고 우리 마음대로 출금을 하지 못하게 한다면 은행으로서는 손해 보는 일이 없을 것이라고 말했다. 이것은 당시로부터 몇 년 후에 등장하는 구매안전 서비스인 '애스크로 서비스'의 초기 개념과 유사했다.

지점장님은 유례가 없는 내 제안에 황당해했다. 하지만, 내 절실함과 열정에 감동해 제안을 받아들였고, 며칠 후 정식으로 계약을 체결했다. 나는 곧 은행과 체결한 계약서를 가지고 S사 본사를 찾아가 문제가 된 프린터 200대를 신용으로 건네받았다. 참으로 획기적인 계약이었다. 나는 그때의 경험을 토대로 다른 대기업들과도 직거래로 거래할 수 있는 발판을 마련했다.

이것은 내가 직접 겪은 한 차원 높은 아이디어의 사례다. 한 차원 높은 아이디어는 기존의 문제를 한번에 해결할 뿐만 아니라 더 넓은 기회의 발판을 마련해준다. 그리고 이런 한 차원 높은 아이디어는 절체절명 위기의 순간에 나온다. 스포츠에서 유래된 "끝날 때까지 끝난 게 아니다"라는 말은 비즈니스와 아이디어의 세계에서도 유효하다.

그런데 한 가지 안타까운 사실이 있다. 내가 애스크로 서비스의 필요성과 가능성을 누구보다 먼저 체험하고 비즈니스에 활용했으면서도 이를 일반화시키려고 도전하지 않았다는 점이다. 그 아이디어의 가치를 알고 행동했더라면 나는 더 큰 변화의 중심에 설 수 있었을 것이다. 안타깝게도 이 아이디어의 주인은 내가 아닌 다른 사람이었다.

그만큼 변화를 만든다는 것은 어려운 일이다. 변화를 만드는 사람은 일반적인 생각을 탈피해야 하고, 변화에 따르는 고통을 감내해야 하기 때문이다.

> 아이디어를 돈으로 만드는 아이디어의 진짜 주인은 일반적인 생각에서 탈피해 한 차원 높은 남다른 해결책을 제시한다.

3 대범함과 용기

앞에서 한 차원 높은 혁신적인 아이디어는 반대에 부딪힐 가능성이 높다고 말했다. 대부분의 사람들은 급격한 변화를 좋아하지 않는다. 그리고 조직 내에 있는 사람들은 변화보다는 안정을 추구하려는 경향이 있다.

대부분의 기획자들은 이러한 조직 성향에 길들어 있을 가능성이 크다. 그들은 받아들여질 만한 아이디어만 기획한다. 그래서 늘 그저 그런 아이디어만 나온다. 조금이라도 혁신적인 아이디어는 시도조차 되지 않고, 그런 아이디어는 나오자마자 직속 상사들에게 묵살되고 만다.

진정 좋은 아이디어를 가지고 있고, 진정 조직의 발전을 위하는 기획자라면 단기적인 반발을 겪더라도 자신의 아이디어를 적극적으로 펼치는 대범함과 용기가 필요하다.

손정의 회장이나 스티브 잡스 같은 실천가는 대단한 용기를 지닌 사람들이다. 그들은 큰 목표를 성취하기 위해 기꺼이 그에 상응하는 시련을 극복하겠다는 믿음을 갖추었다. 그들의 대범함과 용기가 없었다면 오늘날 우리가 아는 그들의 신화도 없을 것이다.

내가 어느 중견 기업의 신입사원일 때, 사장실에 예고 없이 노크하고 들어간 적이 있다. 나는 대뜸 사장님에게 상의할 것이 있어 찾아왔다고 말했다. 사장님은 잠깐 당황해했지만 흔쾌히 독대를 허락해주셨다. 문제는 그 다음이었다. 내가 소속돼 있는 팀의 간부들이 내가 사장님과 독대한 일을 알게 되었고, 왜 정상적인 결재라인을 밟지 않았느냐고 꾸중하셨다.

나는 결재라인을 거쳤다면 받아들여지지 않을 것임을 알고 있었기에 그럴 수밖에 없었다고 말했다. 그 말에 고개를 끄덕이는 사람도 있었지만, 그런 내 행동을 끝까지 받아들이지 못하는 사람도 있었다. 나는 간부들의 반응을 당연히 예상하고 있었다. 하지만 단기적으로 욕을 먹더라도 장기적으로 옳은 일을 하는 것이 낫다고 생각하고 일을 저지른 것이다.

나는 부서에 관한 것은 부서장에게, 회사 전체에 관한 것은 CEO에게 제안하는 것이 당연하다고 생각한다. 작은 사안이라도 오로지 조직의 최종 결정권자만 결정할 수 있는 민감한 사안이 있다. 그런 사안들을 부서장에게 제안하면 난감해하기만 할 뿐, 아무런 결정을 내리지 못한다. 무조건 반대하는 부서장도 많다. 부서장이 반대한 일을 CEO에게 가져가는 것은 부서장을 더 곤란하게 만들 뿐이다. 그래서 나는 부서장이 결정할 수 없는 일을 부서장과 상의하는 것은 시간낭비, 에너지 낭비라고 생각한다.

큰 기업일수록 조직 내에는 복잡한 권력구조가 있다. 중간 간부들은 특히 권력구조에 민감하다. 조직 전체의 이해보다는 부서의 이해만 따지거나, 개인의 이해만 따지는 간부가 많은 게 현실이다. 나는 이 자리에서 간부의 생각이 잘못되었다고 말하는 게 아니다. 개인의 안위, 부서의 안위만 따지는 간부가 극히 정상이다.

오히려 조직 전체의 이해를 위해 개인과 부서의 방향을 자발적으로 변경하는 간부는 극히 예외적이고 비정상적이다. 아이디어를 실현하는 기획자는 이런 조직의 생리를 알고 있어야 한다. 그리고 기획자도 예외적이고 비정상적이어야 한다. 때론 조직구조를 이용하고, 때론 깨부수기도 해야 한다.

물론 한순간에 철퇴를 맞고 조직에서 퇴출될 위험도 있다. 하지만 현명한 기획자는 무모함과 용기를 구별할 줄 알아야 한다. 현명한 기획자는 조직의 권력구조를 이해하고 활용할 수 있어야 한다.

배우이자 감독으로 유명한 멜 깁슨이 만든 〈핵소 고지〉라는 영화가 있다. 주인공인 미국인 데스몬드 도스가 제2차 세계대전에서 겪은 실화를 바탕으로 제작되었다. 그는 자원해 군대에 입대했고, 전쟁 중에 일본군과 전투를 벌인 핵소 고지 전투에 참가했다.

그런데 그는 아주 특별한 신념을 갖고 있었다. 그 신념이란 전투에 참가하되 총을 들지도 않았고, 총을 쏘지도 않았고, 사람을 죽이지도 않았다. 그는 자신의 신념을 지키기 위해 군대라는 거대한 조직과 외롭게 싸웠다. 그리고 끝내 승리했다. 그는 총을 들지 않은 채 전투에 참가해 75명의 목숨을 구하고, 최고의 훈장을 받았다.

군대는 상명하복의 문화가 기본인 조직이다. 데스몬드 도스는 이런 군대 문화를 따르기도 하고, 충돌하기도 하면서 자신의 뜻을 끝까지 관철시킨다. 위기의 순간에서는 관행을 무시하고 과감한 돌출 행동을 하기도 한다.

사람들은 때로는 관행을 중시하기도 하고, 때로는 두려워하기도 한다. 정상적인 행동이지만 관행만 중시하면 변화는 일어나지 않는다. 변화를 추구하는 기획자는 관행을 이용하기도 하고, 관행을 부수기도 해야 한다.

아이디어를 돈으로 만드는 아이디어의 진짜 주인은 단기적 위험을 기꺼이 감수하면서 큰 목표를 위해 과감하게 몸을 던진다.

4 확신과 자신감

관행을 부수는 힘은 어디에서 나올까? 스스로 추구하는 가치가 옳다는 강한 신념에서 나오지 않을까? 많은 사람들이 아이디어를 가지고 있지만 실현하기 어려운 이유는 스스로 그 아이디어에 확신이 없기 때문이다.

순간적으로 번뜩 떠오른 생각, 어디선가 누군가에게 들은 것들은 엄밀히 말해 아이디어라고 할 수 없다. 그리고 '이것이 가능할까요?'라고 다른 사람에게 물어보는 것도 아이디어가 아니다. 진짜 아이디어가 되려면 입으로 들어와 장에서 소화되어 뼈와 근육에 스며들어야 한다.

많은 기획자가 기안을 하는 작업을 본인의 업무라 생각해 무심결에 아이디어를 제안한다. 자신이 낸 아이디어가 실현 가능한 것인지 아닌지, 또 그렇다면 왜인지 이유조차 모르는 경우도 많다. 실현 가능성이 자신과는 무관하다고 생각하는 기획자도 많다. 이런 기획자는 아이디어맨이 아니다. 그가 생산하는 아이디어는 입으로 들어가 그대로 똥으로 나오는 무기물 덩어리일 뿐이다.

내가 CEO일 때 직원들이 올리는 기안서를 많이 검토해보았다. 대부분의 기안서는 기계적으로 작성된다. 기안서에서 해당 프로젝트에 대한 기획자의 사랑이나 추진 의지를 찾아볼 수 있는 경우는 아주 드물었다. 어떤 기안서는 대놓고 모든 판단을 CEO에게 떠맡기기도 한다. 정말 무책임한 기안서다. 이런 기안서는 아이디어가 아니라 쓰레기일 뿐이다.

스스로도 확신을 하지 못하고 판단과 책임을 외부로 돌리는 아이디어는 실현될 수도 없고, 돈을 받고 팔 수도 없다. 진정한 아이디어맨은 넘치는 확신과 자신감을 주변에 나눠주는 사람이다. 이런 사람이 만든 기안서는 힘이 넘치고, 글자 하나하나가 살아 움직인다. 그래서 보는 이의 가슴을 뛰게 하고 피를 뜨겁게 만든다. 나는 아이디어를 많이 파는 편이다. 내가 아이디어를 팔 수 있는 이유는 내가 떠드는 아이디어에 대해 누구보다 확신을 갖고 있고 자신감에 차 있기 때문이다.

　'쿰라이프게임즈'라는 사업을 시작할 때의 일화다. 쿰라이프게임즈가 진행하는 '100일 게임'은 100명이 모여 100일 동안 매일 한 편의 글을 써서 100일간 연속으로 100명의 공동 저서를 출판하고, 모든 일정을 마치면 각자 쓴 글 100편을 모아 각자의 단독 저서로 출판하는 프로젝트다. 내가 이 아이디어를 처음 말했을 때 대부분의 사람들은 반신반의하는 반응을 보였다. 너무 이상적이기 때문에 극히 비현실적이라는 반응도 있었다.

　하지만 진정한 아이디어맨은 이상적인 것을 바보처럼 실천하는 사람이고, 비현실적인 것을 무턱대고 현실로 만드는 사람이다. 나는 사람들 앞으로 나아갔고, 확신에 차서 말했다. 상상한 것이 이뤄지면 어떤 일이 벌어지는지 사람들 앞에서 생생하게 보여주었다. 그러자 몇몇 사람들이 그 자리에서 아이디어를 구매해주었다. 이 프로젝트는 유능한 적임자를 만나 현실로 이루어졌고 많은 사람들에게 감동을 안겨주었다.

'하루만에 책쓰기'라는 아이디어도 마찬가지다. 언뜻 생각하면 논리적으로 맞지 않고 불가능해 보이는 아이디어다. 이런 아이디어가 팔릴 리 없다는 것이 대다수의 반응이었다. 하지만 나는 이런 비현실적인 아이디어야말로 진짜 아이디어라고 믿고, 당연히 실현될 수 있다고 말한다. 내 확신과 자신감이 얼마나 강력한지는 내 말은 듣는 사람들에게 고스란히 전해진다. 그래서 나를 만나기 직전까지 의심했던 사람들이 나의 열광적인 팬이 되기도 한다.

자신감과 확신은 눈빛만으로도 전염된다. 작가가 되는 것을 상상도 하지 않은 사람들이 한순간에 달려져 하루만에 책을 써낸다. 그리고 매월 한 권의 책을 쓰고, 매주 한 권의 책을 쓰기도 한다. 아이디어는 알고 있는 것이 아니다. 확신으로 불타오르는 것만이 아이디어다. 이런 아이디어는 살아서 눈빛을 통해 전염된다.

'큐니버시티'라는 사업을 시작할 때도 마찬가지였다. 나는 평소 전공과는 상관없는 물리학이나 수학에 관심이 많았다. 틈틈이 책을 읽으면서 독자적인 연구를 진행했다. 그러다 내가 연구한 것을 논문으로 내고 싶은 생각이 들었다. 내가 수학이나 물리학에 관해 논문을 쓰려면 어떻게 해야 할까? 다시 대학에 들어가 비용과 시간을 들여 학위를 받아야 할까? 나는 그럴 필요가 없다고 생각했다.

나는 시간도 들이지 않고, 비용도 들이지 않고, 논문을 발표할 수 있는 방법을 찾아보았다. 국가나 타인의 인증을 받지 않고 오로지 개인의 만족만을 추구하는 전혀 새로운 교육 시스템을 만들 수는 없을까? 여러분 중에는 이런 생각을 하는 내가 참으로 황당하고 한심한 사람이라고 여기는 사람도 있을 것이다. 하지만 나는 진지했다. 그리고 치열하게 방법을 찾았고, 마침내 해결책을 얻었다.

바로 내가 직접 대학교를 설립하고, 직접 학술지를 발행하는 것이었다. 이 방법을 주변에 공개했을 때 많은 사람이 속으로 비웃었을 것이다. 하지만 나는 확신했다. 처음에는 모두의 비웃음으로 시작되는 일이라도, 자기 신념이 옳다면 반드시 성공하리라는 것을 말이다.

나는 어느 날 내가 진행하던 '놀라운 강의'에서 '한 시간만에 대학교 만들기'라는 제목으로 강의를 개설했다. 강의에 참석한 사람들에게 새로운 대학의 필요성과 가치에 대해 전달했다. 내 믿음은 강력했고, 아이디어는 살아서 펄떡거렸다. 그리고 마침내 아이디어는 참석자들의 가슴을 파고들었다. 그 결과 그 자리에서 내가 만들 대학에 입학하겠다는 다섯 사람의 약속을 받아내었다.

나는 곧 함께 사업을 이끌어갈 CEO를 찾아나섰고, '호기심을 살리는 우리들의 대학교'인 큐니버시티를 무자본으로 설립했다. 그리고 같은 이름의 학술지를 만들었고, 마침내 누구의 허락도 받지 않고 내 논문을 실을 수 있었다.

살아 있는 아이디어는 전하는 사람의 확신과 자신감이 깃들어 있다. 그런 아이디어만이 다른 사람에게 전파되어 돈으로 만들어진다. 당신이 가진 아이디어는 살아 있는가? 그 아이디어에 당신의 가슴이 뜨겁게 반응하고 있는가? 그 아이디어로 인해 변화될 세상이 선명하게 보이는가? 그 아이디어를 실현하지 않고는 도저히 견딜 수가 없는가? 그렇다면 당신은 나와 같은 진정한 아이디어맨이다.

아이디어를 돈으로 만드는 아이디어의 진짜 주인은 넘쳐나는 확신과 자신감을 주변에 자연스럽게 전달한다.

5 완벽한 시나리오

살아 있는 아이디어는 논란의 중심에 선다. 늘 질문이 뒤따른다. 그래서 아이디어 기획자는 예상되는 모든 질문에 대해 답변을 준비하고 있어야 한다. 그리고 살아 있는 아이디어는 늘 반대파들의 비판과 방해에 직면한다. 그래서 기획자는 반대파들의 비판과 방해를 뚫고 나갈 수 있도록 아이디어를 예리하게 다듬어야 한다.

나는 강의나 모임에서 늘 아이디어를 늘어놓고 판매한다. 사람들은 저마다 아이디어의 문제점을 파헤치며 이런저런 질문을 던진다. 그때 내가 그들에게 "예, 그런 문제점이 있네요!" 하고 인정해버리면 아이디어를 판매할 수 없다. 물론 내가 파는 아이디어에도 당연히 문제점이 있다. 하지만 나는 그런 문제점에 대해 늘 "그런 문제점은 이렇게 보면 오히려 장점입니다"라고 말해준다.

산이 높으면 골도 깊기 마련이다. 골이 깊다고 메우기 시작하면 산의 면모도 사라지게 된다. 파괴력이 큰 아이디어는 당연히 위험성도 크다. 위험성을 굳이 감출 필요가 없다. 위험성을 인정하고 긍정적으로 바라봐야 장점이 돋보이기 시작한다.

내가 처음 스쿨몬스터를 운영할 때는 금요일 저녁에만 강의를 열었다. 그러자 나의 이런 결정이 잘못됐다고 지적해주는 사람이 많았다. 다음 날 출근 부담이 없는 금요일 저녁에는 직장에서 회식을 하거나 모임이 많으므로 강의에 참석할 사람이 적다는 것이 이유였다. 또 가정이 있는 사람들은 다음 날 가족과 함께 주말 휴가를 떠나기 위해 일찍 귀가하므로 역시 강의에 참석하지 않을 것이라고 했다.

나는 그런 이유라면 금요일에 강의가 이루어지는 데 문제가 없다고 판단했다. 금요일을 제외한 평일에는 다음 날 출근의 부담 때문에 늦은 밤까지 강의를 듣는 게 힘들다. 하지만 금요일에는 다음 날 출근하는 부담이 없기 때문에 늦은 시간까지 강의를 들으려는 욕구도 많을 것이라 짐작했다. 또 가정이 있는 모든 사람이 주말마다 휴가를 떠나지는 않는다. 주말에 휴가를 떠나지 않는 사람들도 얼마든지 있을 테니 당연히 금요일 저녁에 강의를 열어도 된다고 생각했다.

많은 사람이 안 된다고 하는 모든 이유가 내게는 가능한 이유로 들렸다. 나는 금요일 저녁 시간에 강의를 진행했고, 내 예상은 적중했다. 지금도 스쿨몬스터는 금요일 저녁에 꾸준히 강의를 열고 있다.

금요일 저녁 강의가 동시에 여러 개 진행되자 나는 새로운 강의를 언제 여는 것이 좋을지에 대해 고민했다. 새로 여는 강의는 금요일 저녁 시간을 피해서 열 필요가 있다고 판단됐다. 그래서 처음엔 목요일 저녁이나 수요일 저녁에 여는 것을 고려했지만 금요일 낮 시간에 여는 것이 가장 적합하다고 판단했다.

그러자 함께 일하는 강사와 단골 고객들이 또다시 금요일 낮 시간에 강의를 여는 것은 불가하다며 나를 말렸다. 강의에 오는 사람들이 대부분 직장인이기에 업무 시간인 금요일 낮에 강의를 열면 오지 않을 것이라고 말했다. 나는 프리랜서도 얼마든지 있고, 낮에 자유롭게 외출할 수 있는 직장인도 많기에 낮 시간에 열어도 된다고 생각했다. 더구나 강의가 업무에 도움이 된다면 회사에 허락을 구해 참석할 것이고, 그것이 어렵다면 월차를 내서라도 참가할 것이라고 생각했다.

이번에도 사람들이 안 된다고 하는 모든 이유가 내게는 강의를 열어도 되는 이유로 들렸다. 나는 금요일 낮 시간에 강의를 열기 시작했고, 내 예상은 적중했다. 지금도 스쿨몬스터는 금요일 낮 시간에 꾸준히 많은 강의를 열고 있다.

매주 금요일 낮에 스쿨몬스터에서 진행하는 '어떤 강의'라는 강의 프로그램이 있다. 이 강의는 매주 열리지만 강사도 공개되지 않고, 강의 제목도 공개되지 않는다. 처음 이런 강의를 열겠다고 하자 사람들은 너나없이 실패할 거라며 그 이유를 말해주었다. '어떤 강의'는 너무나도 단점이 돋보이는 아이디어였다. 하지만 나는 그렇기 때문에 장점도 분명하다고 믿었다.

나는 강사의 이름을 보고 강의에 참석하는 사람들이 있다면 반대로 강사의 이름을 보고 참석하지 않는 사람들도 있을 거라고 생각했다. 마찬가지로 강의 제목 때문에 강의에 참석하는 사람들이 있다면 반대로 강의 제목 때문에 참석하지 않는 사람들도 있을 거라고 생각했다. 즉 강사 이름이나 강의 제목을 공개하는 것은 장점이 될 수도 있지만 동시에 단점이 될 수도 있는 것이다.

나는 강사가 누군지 모르고, 강의 제목도 모르는 것에 긍정적으로 반응하는 사람들이 분명히 있을 것이라는 믿음이 있었다. 그래서 조금도 의심하지 않고 '어떤 강의'를 시작했다. 실험 결과, 내 신념이 옳았다는 것이 증명되었다. 현재 '어떤 강의'는 스쿨몬스터에서 가장 인기 있고, 가장 오래 지속되는 프로그램이 되었다.

아이디어에서 발견한 단점은 곧 장점이다. 큰 단점은 곧 큰 장점이다. 단점이 크다고 아이디어를 폄하하지 말아야 한다. 단점이 큰 아이디어를 장점이 큰 아이디어라고 생각하고 활용하는 사람이 진정한 아이디어맨이다.

아이디어가 조직 전체에 영향을 미친다면 특정 부서나 특정 개인에게는 손해를 끼칠 수도 있다. 손해를 손해라고 인정해버리면 반대파를 설득할 수 없다. 좋은 아이디어라면 늘 그들을 포용할 수 있어야 한다. 그리고 늘 소외되는 사람들에게 장기적으로 살 길을 열어주어야 한다.

내가 이런 말을 하면 대부분의 사람은 아이디어에 대한 예상 문제와 질문을 파악하는 데 상당한 시간과 노력이 필요하다고 생각한다. 물론 그에 따른 대응책을 마련하는 데도 상당한 시간이 걸릴 거라고 생각할 것이다. 어떤 분은 치밀한 시나리오를 세운 다음 아이디어를 내는 것이 불가능하다고 말하기도 한다.

백번 옳은 말이다. 이 작업은 상당한 시간이 걸리고 아주 지루한 작업이다. 계획을 완벽히 갖추는 것은 어렵다. 나도 당연히 미리 완벽한 시나리오를 갖춘 후에 아이디어를 제안하지는 않는다. 대신 나는 아이디어를 제안하는 즉시 완벽한 시나리오가 이미 갖춰져 있다고 믿어버린다.

왜 그런지 논리적으로 설명할 수는 없지만 믿는다는 것은 마법 같은 효력을 발생시킨다. 우리는 겨울이 아무리 혹독해도 조만간 봄이 오는 것을 안다. 공중으로 던져 올린 돌멩이는 반드시 땅으로 떨어진다는 걸 알고 있다. 믿음은 몇 번의 경험으로 당연하다고 아는 것이다.

우리는 우리의 생활도 자연의 현상처럼 당연하게 예상할 수 있다. 나는 예전에 우울한 일이 있었을 때 무심코 음악을 들으면서 걸었던 적이 있다. 그러다 우울함이 사라지는 것을 경험했다. 그 후 이런 일이 몇 번 더 있었다. 그 후 나는 우울할 때 하염없이 걸으면 반드시 우울함이 사라진다고 믿어버렸다. 이렇게 믿었더니 정말로 늘 그렇게 결과가 나타났다.

내가 쓴 책 《해적들의 창업이야기》를 보고 무자본 창업을 상담하러 오는 사람들이 많다. 나를 찾아와 늘 "제가 하려는 사업도 무자본으로 가능할까요?"라고 문의한다. 초창기에는 답하기 어려운 질문도 있었지만 나는 결국 가능한 방법을 찾아내어 답을 알려줬다. 이런 일이 몇 번 이어지자 나는 어떤 사업이든 무자본으로 가능하다고 믿어버렸다. 이렇게 믿어버렸더니 그 다음부터는 한결 쉽게 답이 나왔고, 예외 없이 모두 답을 제시해줄 수 있었다.

나는 몇 번의 경험으로 믿음이야말로 가장 쉽고 가장 파워풀한 해결책임을 알게 되었다. 이처럼 아이디어의 문제를 해결하는 것도 몇 번의 경험을 의도적으로 쌓은 후 믿음을 가지고 접근하면 된다. 어떤 아이디어든 문제점이 있지만 그 문제점을 해결할 방법 또한 반드시 있다고 믿어라. 그러면 완벽한 시나리오를 미리 갖추지 않아도 100퍼센트 대응하는 시나리오가 현장에서 즉시 공급된다.

진짜 아이디어는 현장의 문제를 엄밀하게 파악한 다음, 그보다 더 근본적인 것까지 파악한 후에 등장한다. 그렇게 나온 아이디어는 당연히 기존에 있는 문제점을 해결했기에 등장한 것이다.

새로운 아이디어가 어떤 문제들을 해결했는지 일일이 나열하기는 쉽지 않다. 그렇지만 아이디어 기획자는 새로운 아이디어가 모든 문제점을 해결했다고 믿어야 한다. 미처 생각지 못한 문제점이 발견될 수도 있다. 그럼 그때 아이디어가 좌초되는 것이 당연할까? 그래서는 안 된다. 그렇기에 기획자는 모든 문제가 해결되었다고 믿어야 한다. 그렇게 믿어야만 해결책을 찾을 수 있다.

나는 내가 운영하는 스쿨몬스터에서 다음과 같은 강의를 기획한 적이 있다.

'돈 한 푼 없이 3년 안에 내 집을 마련하는 법.'

이 강의를 실제로 3년 안에 내 집을 마련한 분에게 맡겼고, 강의를 진행했다. 그러던 중 그가 개인 사정으로 강의를 못 하게 되었다. 나는 내가 아는 어떤 청년에게 강의를 이어서 해달라고 요청했다. 청년은 자신은 3년 안에 내 집을 마련하는 법을 모른다면서 거절했다. 나는 그에게 가능한 방법이 얼마든지 있다고 믿으면 반드시 방법을 찾게 된다고 말해주었다. 그는 내 말을 믿고 방법을 찾아내어 마침내 강의를 시작했다. 그의 강의에서는 돈 없이 3년 안에 내 집을 마련하는 방법이 무려 여섯 가지나 소개된다.

그 청년에 관한 일화를 하나 더 소개해보려 한다. 그가 한번은 내게 아이디어를 잘 만들어내는 법에 대해 물었다. 나는 그에게 이 세상이 아이디어로 꽉 차 있다고 믿으면 된다고 말해주었다. 그는 매우 어리둥절하다는 반응을 보였다.

나는 그에게 당장 실험해보자고 말했다. 그래서 그와 함께 밖으로 나가 개천 옆 산책로를 걷기 시작했다. 나는 그에게 30분의 시간을 줄 테니 '걸으면서 할 수 있는 일'에 대한 아이디어를 21가지 생각해서 말해달라고 했다. 또 그런 아이디어는 수없이 많으니 반드시 21가지를 찾아내어 알려줄 수 있을 거라는 확신을 심어주었다. 그는 수첩을 꺼내 들고 30분 동안 걸었다. 결과는 어땠을까? 청년은 정확히 21가지의 아이디어를 적어서 내게 제출했다.

아이디어란 가능한 것을 찾아 이루는 것이 아니라 이루고 싶은 것을 찾은 다음 가능하다고 확고하게 믿는 것이다. 당신이 살아 있는 아이디어를 찾았다면 시나리오는 이미 완벽히 갖추어진 것이다. 확고한 믿음이 바로 완벽한 시나리오다.

아이디어 시나리오는 다음과 같이 준비하면 된다. 아이디어 기본 개념을 적어놓고, 부정적 관점의 사람들이 제기할 문제점을 예상하고 적어본다. 그 문제점이 오히려 장점인 이유가 반드시 있다고 믿고 그 이유를 찾아 적는다. 이 과정에서 아이디어의 기본 개념이 수정되고 발전된다. 기본 시나리오가 완성되면 만나는 사람에게 공개한다. 사람들이 또 다른 문제점을 제기하면 반드시 해결책이 있다고 믿고, 해결책을 하나하나 찾아 아이디어를 수정하고 발전시킨다.

Idea

아이디어 판매에서 필요하다고 오해하는 것들

아이디어 판매 현장에서 뻔한 전략은 통하지 않는다. 아이디어를 구매하는 사람은 뻔한 전략에 누구보다 통달해 있기 때문이다. 따라서 아이디어를 판매하는 사람은 뻔한 생각에서 완전히 탈피해야 한다. 이번 장에서는 아이디어 판매에서 필요하다고 오해하는 뻔한 생각들에 대해 알아본다.

1 멋진 문서

나는 직장에 다니면서 기획자가 파워포인트로 기획안을 만드는 것을 보고 무척 놀랐다. 파워포인트는 그림과 영상을 넣을 수 있고, 도표도 자유롭게 표현할 수 있다. 그래서 흔히 기획자의 생각을 가장 적절하게 표현하는 최고의 툴이라고 생각하는 것 같다. 기획자는 오랜 시간 자리에 앉아 파워포인트를 멋있게 꾸미기 위해 노력한다. 이것은 맛있어 보이는 음식이 진짜 맛도 좋은 음식이라는 상식과 일맥상통한다.

이 상식은 옳은 것일까? 나는 오래전부터 이러한 상식을 갖고 있지 않았다. 나는 지금까지 한 번도 파워포인트를 사용해본 적이 없다. 사실대로 말하자면 파워포인트를 배워본 적도 없고, 배우고 싶다는 욕구조차 가져본 적이 없다. 그 시간이 아깝다고 생각하기 때문이다. 오히려 그 시간에 핵심 아이디어를 다듬는 것이 훨씬 더 바람직하다고 생각했다.

화려한 그릇에 담겨 있는 음식은 맛있을 거라는 기대를 준다. 먹어보니 기대대로 맛이 있다면 그저 그런 일이다. 그런데 실제 음식 맛이 기대에 못 미친다면 실망이 커지고 때로는 배신감마저 들게 된다. 화려한 그릇에 담겨 있다고 해서 맛없는 음식이 갑자기 맛있어지지는 않는다. 맛있는 음식은 평범한 그릇에 담겨 있어도 맛있다. 볼품없는 그릇에 담겨 있는 음식은 사람들에게 별 기대를 주지 않는다. 하지만 별 기대 없이 먹어본 음식이 맛이 있을 때 사람들은 기쁨을 넘어 감동을 느낀다.

나는 화려한 그릇에 담겨 있는 호텔 음식에 감동을 받았다고 말하는 사람을 이제껏 본 적이 없다. 하지만 우연히 시골 식당에서 볼품없는 그릇에 담긴 음식을 먹어보고 감동을 받았다는 사람들은 여러 명 만났다. 나도 그중 하나다.

아이디어도 음식과 마찬가지다. 화려한 문서에 들어 있는 아이디어는 감동을 주기 어렵다. 감동을 주는 진짜 아이디어는 평범한 문서 안에 있을 때 빛이 난다.

나는 아이디어를 문서로 전달할 때 아무것도 꾸미지 않은 백지 한 장에 아주 간결하게 적는다. 표지도 만들지 않는다. 그림이나 사진 자료도 쓰지 않는다. 아이디어의 핵심이 무엇이고, 그로 인해 바뀌는 것이 무엇이고, 그것을 실행하기 위한 최소한의 조건이 무엇인지만 간결하게 적는다.

읽는 사람이 1분 안에 아이디어의 핵심을 간파하고 그 효과를 상상할 수 있도록 만드는 것이 내가 문서를 만드는 스타일이다. 구구절절하게 쓸 필요가 없다. 길게 쓸 필요가 없다. 그런 것들은 군더더기이고, 오히려 결정을 방해하는 요소일 뿐이다.

아이디어를 돈으로 만드는 사람은 문서를 멋지게 꾸미는 데 에너지를 쓰지 않는다. 평범한 문서에 핵심을 간결하게 표현한다.

2 구체적 데이터

기획안을 만들 때 구체적 데이터에 집착하는 사람들이 많다. 그런 사람들은 각종 통계자료를 수집하고, 설문조사 하는 것을 좋아한다. 구체적인 데이터가 절대적으로 필요한 순간이 있다. 그런 때에는 반드시 구체적 자료를 사용하는 게 맞다. 하지만 구체적 데이터가 그다지 필요하지 않은데도 구체적 데이터에 집착하는 것은 큰 문제라고 생각한다.

예전 어느 직장에 다닐 때 이런 성향을 가진 상사를 만난 적이 있다. 그는 늘 자료가 많으면 많을수록 좋다는 생각을 갖고 있었다. 관련 기관에 가서 직접 자료를 찾아오라는 지시도 자주 내렸다. 그런데 그런 자료는 정확히 우리가 원하는 자료가 아닌 경우가 많았고, 그나마도 몇 년 전의 자료에 불과했다. 또 자료에 과도하게 집착하는 성격 때문에 프로젝트가 쉽게 진행될 리 없었다. 거의 모든 프로젝트가 시작도 되기 전에 조사 단계에서 끝나버렸다. 도전하기를 좋아하는 내게는 너무 김빠지는 시간이었다.

자료조사는 최소한으로 하는 것이 좋다고 생각한다. 너무 많은 자료는 오히려 판단을 흐리게 할 뿐이다. 자료를 너무 신뢰하는 것도 좋지 않다고 생각한다. 나는 기획안에 통계나 설문자료를 담은 적이 거의 없다. 왜 통계자료나 설문조사를 중요시하지 않는 것일까?

그 대답은 스티브 잡스의 말로 대신하고 싶다. 사람들은 자신이 원하는 것을 잘 모르는 경우가 많기 때문이다. 사람들은 질문에 대해 형식적으로 답하는 경우가 많다. 때로는 사회적 시선을 의식해 자신의 의견을 숨기기도 한다.

대표적인 예로 선거가 있다. 우리는 선거 때 여론조사가 빗나가는 것을 수시로 목격한다. 불과 며칠 전까지 1위를 달리던 후보가 한순간에 추락하기도 하고, 가능성이 전혀 없어 보이던 후보가 다

크호스로 부상하기도 한다. 매스미디어 시대에는 대중들의 마음도 갈대처럼 흔들린다. 후보들의 말 한 마디에, 아주 작은 사건 하나에 마음이 바뀌는 경우가 흔하다. 선거 양상은 시간 단위로 바뀌면서 하루 뒤를 예측할 수 없는 경우도 많다.

선거뿐만 아니라 오늘날의 소비 시장도 마찬가지다. CEO의 언행 하나로 소비자들이 불매 운동을 확산시키고, 유명 연예인이 입은 옷 사진 한 장으로 대박이 일어나기도 한다. 그만큼 소비자들의 마음이 불과 며칠 후를 예상할 수 없을 정도로 변화무쌍하다. 이런 상황에서 과거의 데이터가 힘을 발휘하기는 어렵다. 또 실시간으로 데이터가 나온다 하더라도 온전히 믿으면 안 된다. 시간은 한순간도 멈추지 않고 미래를 향해 달리기 때문이다.

그래서 기획자는 항상 대중들의 마음속을 왔다 갔다 해야 한다. 대중의 속성을 파악하고 조사하지 않더라도 대중의 속마음을 간파하고 있어야 한다. 겉으로 드러나는 통계와 현실이 달라도 자신의 직관을 믿어야 할 때도 있다. 구체적 데이터는 필요하지만 그것을 활용할 직관이 없다면 무용지물이다.

직관의 힘을 믿는 기획자라면 차라리 구체적 데이터는 문서에 넣을 필요가 없다. 데이터는 이성적 판단에는 도움을 주지만 감성적 판단에는 별로 도움이 되지 않는다. 오히려 데이터는 감성적 판단을 방해하는 작용을 한다.

아이디어를 파는 사람은 먼저 상대방의 감성을 자극해야 한다. 감성을 자극하는 것은 직관과 상상력이다. 아이디어를 파는 사람은 직관과 상상력으로 상대방을 무장 해제시켜야 한다. 데이터는 데이터일 뿐이지 핵심이 아니다.

아이디어를 돈으로 만드는 사람은 직관과 상상력으로 상대방의 감성을 무장 해제시키는 사람이다.

3 화려한 프레젠테이션

나는 말이 안 되는 아이디어를 팔고, 거침없이 실행한다는 말을 듣는다. 나는 말을 잘하는 편이 아니다. 발음이 어눌하고 지방 출신이라 사투리도 묻어난다. 화려한 프레젠테이션과는 거리가 멀다고 할 수 있다.

나는 매주 강의를 하고 있지만 언제나 생전 처음 강의를 하는 듯이 수줍어하고, 어색해하고, 말까지 더듬는다. 소심하고 내성적인 성격 때문에 여러 사람 앞에서는 말과 행동이 부자연스러워지기도 한다. 성격상 고치기도 어렵다. 겨우 강의가 진행되고 30분 정도 지나서야 마음이 안정되면 그때부터 말과 제스처가 자연스러워진다.

이런 성격 때문에 그동안 직장을 구할 때 면접에서 좋은 성적을 거둔 적이 한 번도 없다. 늘 박력이 없다는 조언을 들으며 살았다. 말은 어눌하고, 행동은 우물쭈물하다. 프레젠테이션에도 내 성격이 그대로 드러난다.

나는 이런 내 성격을 보완하기 위해 나름의 화법을 개발했다. 말을 적게 하고, 꼭 필요한 말만 하는 것이다. 평범한 말은 하지 않고, 주목성이 강한 말을 한다. 결론을 먼저 말하고 궁금증을 유발한 다음, 나중에 이유를 설명하는 방식을 썼다. 그리고 무엇보다 말에 무게를 실으려고 했다. 나의 이러한 전략은 효과가 있었다. 언제부턴가 내 강의가 끝난 후에 사람들은 믿기 어려울 정도로 카리스마 넘치는 강의라고 말해주기 시작했다. 프레젠테이션에서도 비슷한 반응을 받았다. 처음에는 어색하고 어눌했지만 끝은 처음과는 비교할 수 없을 정도로 강렬하다고 말해준다.

프레젠테이션이 중요하지 않다고 말하는 것은 아니다. 프레젠테이션은 문서보다 훨씬 중요하다. 자신의 생각을 다른 사람에게 전달하지 못한다면 아이디어를 팔 수 없기 때문이다. 내가 경계하는 것은 화려한 프레젠테이션이다. 멋진 문서에다 완벽한 복장, 화려한 언변이 프레젠테이션에 필수라는 것에는 동의할 수 없다.

나는 스쿨몬스터를 운영하면서 많은 강사를 만났고, 또 많은 사람들을 강사로 데뷔시키고 있다. 나는 강사가 되려는 사람들에게 스피치의 기술을 가르치지는 않는다. 간혹 스피치 학원에서 스피치를 배워 오는 사람도 만나지만 그런 사람들을 보면서 오히려 진정성을 느끼지 못하는 경우가 많다. 그래서 나는 되도록 강사가 되려는 사람들에게 스피치를 배우지 말 것을 강조한다. 그보다는 개성이 드러나는 자기만의 강의 방식을 추구할 것을 추천한다.

스피치 학원을 다닌 사람들은 거의 비슷한 방법으로 제스처를 하고 화법도 대동소이하다. 청중들의 분위기를 면밀히 살피면서 적절한 때에 유머를 쓰고, 적절한 때에 참가자들에게 질문도 던진다. 강의 내용이 빈약한 경우라면, 강의를 듣는 사람들이 지루한 시간을 보내고 있는 경우라면 이런 식의 강의가 도움이 될 수는 있다. 하지만 진짜 내용이 중요한 강의라면 화려한 언변은 오히려 내용 전달에 방해가 될 뿐이다.

방송에 나와서 화려한 입담을 자랑하는 정치인들은 대부분 대중들에게 큰 신뢰를 주지 못한다. 대중들에게 신뢰를 주고 그들의 마음을 움직이는 정치인들은 대부분 말을 아끼는 사람들이다. 신뢰를 주는 정치인은 왜 말을 아끼는 걸까? 나는 그 이유가 그들이 말을 잘하지 못하기 때문이라고 생각한다.

아이디어로 세상을 변화시키는 아이디어맨도 마찬가지다. 말이 많고 언변이 화려한 기획자는 아이디어에 무게를 싣기가 어렵다. 아이디어에 힘을 싣기 위해서는 문서뿐 아니라 그것을 전하는 사람도 화려함을 숨겨야 한다.

과거 현대그룹 정주영 회장이 TV에서 말하는 장면을 본 적이 있다. 자신의 이름도 똑바로 발음하지 못할 정도로 발음이 어눌했고, 논리도 많이 부족했다. 말하는 품새만 보면 거대 기업의 창업자라는 것이 믿겨지지 않았다. 하지만 한 마디 한 마디가 단호했고 꾸밈이 없었다. 나는 그를 본 순간 최고의 아이디어맨임을 믿어 의심치 않았다.

말이 어눌해도, 사투리를 써도 자신의 의도와 아이디어의 가치를 전달하고 실현할 수 있다. 나는 내가 가진 아이디어를 많은 사람에게 알리고 하나하나 실현하고 있다. 말을 잘하기 위해 스피치 학원에 다니고 싶다는 생각은 전혀 하지 않는다. 단지 내가 하는 말에 온 마음을 담아 전달하기 위해 애쓸 뿐이다.

말을 잘하지 않아도 말하는 품새를 보면 누구든지 말하는 사람의 진정성을 느낄 수 있다. 길게 말할 필요도 없다. 화려하게 말할 필요도 없다. 오히려 짧고 간단하게 말하는 것이 진정성을 전달하는 방법이다.

아이디어를 돈으로 만드는 사람은 자기가 하는 말에 온몸과 온 마음을 담아 말한다.

4 다양하고 두터운 인맥

아이디어 전투에서 필요하다고 오해하는 마지막 요소는 인맥이다. 우리 사회에는 참으로 다양한 인맥 모임이 있다. 혈연으로 뭉치는 종친회가 있고, 출신 학교로 뭉치는 동창회가 있고, 출신 지역으로 뭉치는 향우회가 있다. 요즘은 출신 직장이나 군부대별로 뭉치는 각종 모임도 있다. 우리 사회는 왜 이토록 인맥을 중시하는 걸까?

우리 사회는 좋은 인맥이 성공을 좌우한다는 인식을 공유하고 있다. 좋은 학교, 좋은 직장이 필요한 이유가 인맥 때문이라고 말하기도 한다. 모든 사람이 인맥을 중요하게 생각하기 때문에 인맥을 유지하기 위해 많은 돈과 시간을 쓴다. 새로운 사람을 만나면 출신 지역과 학교를 궁금해한다. 직업이 무엇인지, 재산이 얼마인지도 궁금해한다. 그리고 그가 자신에게 도움이 될지, 해가 될지를 따져 본다.

또 관계 있는 사람의 취향을 궁금해하고 좋은 사람으로 보이기 위해 감정을 희생한다. 경조사에 참석하고, 선물도 주고, 기념일도 챙긴다. 접대도 한다. 그러나 한결같이 좋은 사람으로 인식되기는 쉽지 않다. 언제든 오해의 소지가 발생하고, 감정이 토라지는 일이 생긴다. 의도치 않게 배신자로 낙인 찍히기도 하고, 이기적인 사람으로 공격받기도 한다.

모임에 나가보면 자신이 누구와 무슨 관계라면서 자랑하는 사람들을 자주 본다. 방송에서도 인맥을 자랑하는 사람을 예사롭게 볼 수 있다. 인맥이 많은 것이 과연 자랑일까?

나는 일찍이 인맥이야말로 가장 쓸데없는 자산이라고 생각해왔다. 인맥이 왜 쓸모없는지 간단한 예를 하나 들어보자. 당신이 어느 기업의 CEO라고 가정해보자. 회사에 직원이 한 명이 필요하다. 두 명이 지원을 했는데, 한 사람은 당신이 잘 아는 사람이고 나머지 한 사람은 처음 보는 사람이다. 이때 무턱대고 아는 사람을 채용하겠는가? 나는 그러지 않을 것이다. 두 사람 중 객관적으로 우수한 인재를 채용할 것이다. 내가 처음 보는 사람을 뽑는다고 하면 아마 내가 잘 아는 한 사람은 서운해할 것이다. 이런 결과를 초래하게 되는 것이 바로 인맥의 해악이다.

나는 동창이나 친척이 돈을 빌리러 오고, 부당한 청탁을 하는 경우를 자주 경험했다. 인맥이 많아서 좋은 경우보다 오히려 귀찮은 경우가 많았다. 인맥이 많아서 좋다는 사람은 그 자신도 인맥을 이용한 청탁이나 불공정에 길들어 있을 가능성이 있다.

여러분들도 아마 경험해보았을 것이다. 몇 년 동안 연락 없이 지내던 친구가 갑자기 만나자고 연락하는 경우가 있다. 그러면 십중팔구 보험이나 다단계 같은 각종 세일즈로 이어진다. 각종 인맥관계를 동원해 영업하는 분들이 대다수다. 나는 인맥을 중심으로 영업하는 분들 중에 오래가는 경우를 본 적이 없다.

가끔 각 분야에서 영업의 달인이 된 사람들을 만나곤 한다. 그들은 하나같이 인맥에 전혀 의존하지 않고 영업하는 분들이었다. 그들은 자신이 만나는 사람들을 아는 사람과 모르는 사람으로 구분하지 않았다. 그들은 모든 사람들을 고객으로 여기고 정성을 다해 영업했다.

우리 사회에서 수많은 불공정과 부패가 일어나는 이유는 대부분 인맥을 중요시하는 데 있다. 인맥은 과거 봉건 시대의 유물이다. 지금은 국경을 마음대로 넘나드는 지구촌 시대다. 우리는 모두 지구라는 외딴 행성에서 태어난 동향이며, 모두 세계라는 학교를 다닌 동창이며, 모두 최초 인간의 자손인 혈족이다. 우리는 각종 소셜미디어를 통해 전 세계 사람들과 만나고 있다. 나라도 인종도 구별할 필요가 없는 이때에 한반도라는 좁은 지역에서 내 편, 네 편을 구분하는 것은 참으로 어이없는 행동이 아닐 수 없다.

자신이 아는 사람, 자신과 인연이 있는 사람만을 중시하는 기획자는 무한한 자원을 무시하고 일부러 자원을 한정해 사용하는 사람과 같다. 이런 기획자는 큰일을 하기 어렵고, 중요한 일을 하기도 어렵다. 인맥을 중시하는 기획자는 진짜 아이디어를 낼 수도 없고, 실현하기도 불가능하다. 그런 기획자가 내는 아이디어는 특정 사람에게만 도움이 될 수밖에 없고, 또 특정 사람들에 의해 제지될 수밖에 없기 때문이다.

자신에게 필요한 사람이라고 생각되면 그를 알든 모르든 그냥 찾아가서 정중하게 부탁하면 된다. 당신의 요구가 합당하다면 그 역시 당신을 알든 모르든 기꺼이 도와줄 것이다. 내가 이 책에서 말하는 '선배'나 '후배'는 출신 학교 또는 출신 지역과는 관계가 없다. 모두 사회생활을 하면서 자연스럽게 만난 분들이다. 그들 중 나보다 나이가 많은 분은 선배로, 나이가 적은 분은 후배로 표현했을 뿐이다.

기획자가 새로운 아이디어를 실현하는 데 필요한 것은 오로지 참신한 아이디어의 힘이다. 인맥에 의존한 아이디어는 반드시 인맥 때문에 좌초하고 만다. 기획자는 인연에 얽매이지 말고 그때그때 필요한 모든 사람들을 두루두루 활용할 수 있어야 한다.

아이디어를 판매하는 사람은 처음 만난 사람도 10년을 만난 것처럼, 10년을 만난 사람도 처음 만난 것처럼 대해야 한다.

아이디어를 돈으로 만드는 사람은 인맥에 연연하지 않고 그때그때 필요한 모든 사람들을 활용한다.

정말로 아이디어를 팔고 싶다면

어느 날 한 청년이 나를 찾아왔다. 명품을 파는 소매업을 하고 싶다면서 그 가능성에 대해 내게 문의했다. 나는 평소에 명품을 자주 사는 편인지 물어보았다. 그러자 그는 명품은 비싸기 때문에 자신은 명품을 좋아하지도 않고, 사지도 않는다고 대답했다. 그의 대답을 듣고 이렇게 말해주었다.

"당신은 명품을 판매하기 어려우니 다른 아이템을 알아보십시오."

자신이 명품을 좋아하지도 않고 사지도 않는다면 명품을 사는 사람들의 심리를 파악하기 어렵다. 명품을 사는 사람들과의 소통도 불가능하다. 진심 어린 조언도 해줄 수 없고, 마케팅도 제대로 할 수 없을 것이다.

스쿨몬스터를 보고 유료 강의를 개설하고 싶다는 사람도 자주 만난다. 그러면 나는 그들에게 유료 강의를 즐겨 듣는지 물어본다. 만약 유료 강의를 전혀 듣지 않는 사람이 있다면 지금부터라도 유료 강의를 들어보라고 권유한다.

스쿨몬스터에서 진행하는 거의 모든 강의는 환불을 보장해준다. 그래서인지 간혹 환불을 받겠다고 작정한 상태로 강의를 들으러 오는 사람들이 있다. 그런 사람들은 강의를 들을 때 표정을 보면 알 수 있다. 강의 내내 불만스런 표정을 짓기 때문이다. 그리고 강의의 핵심 내용을 간과한 채 강의가 불만족인 이유만 찾으려고 노력한다. 그들이 그러는 이유는 강의에 불만족하는 이유를 제시해야 환불이 된다고 알기 때문이다.

그런 경우를 몇 번 봤기 때문에 나는 그들에게 강의를 마음껏 듣고 환불받으라고 권한다. 나는 강의를 듣고 환불을 원하면 누구에게든 감사한 마음으로 환불해준다. 그 대신 일부러 불만족스러운 이유를 찾지 말고 최대한 강의에서 도움되는 내용을 받아가라고 한다. 또 환불을 원한다면 이유를 말하지 말고 그냥 '환불'이라는 두 글자만 메일로 보내도 환불이 된다고 안내한다. 하지만 나는 이 책을 통해 가급적 환불을 받지 말라는 메시지를 전하고 싶다. 그 이유는 다음과 같다.

여러분이 2시간 강의를 듣고 3만 원을 지불했다면 3만 원은 강의 내용에 대해서만 지불한 것이 아니다. 여러분은 강의를 듣는 2시간과 강의장까지 오고가는 데 들어간 시간까지 최소 3~4시간을 투자한 것이다. 여러분이 강의를 듣는 데 투자한 비용은 3만 원보다 훨씬 큰 것이다. 여러분이 투자한 비용은 3천만 원 내지 3억 원이 될 수도 있다. 그토록 거대한 시간비용은 이미 지출된 것이고, 결코 환불되지 않는다. 그래서 나는 우리의 강의를 듣기로 결정했다면 무조건 강의에서 3천만 원 내지 3억 원의 가치를 발견하라고 말한다.

만약 환불을 받을 마음으로 강의를 듣는다면 무조건 손해를 보는 게임이다. 강사에 따라, 강의 내용에 따라 3천만 원 내지 3억 원의 가치를 잃을 수 있다고 생각하면 너무나 위험한 투자가 아닌가.

나는 자신이 듣기로 결정한 강의라면 그 강의를 통해 무조건 3억 원의 가치를 발견할 수 있다고 믿는다. 자신이 돈을 지불하고 듣기로 한 강의는 이미 그 이상의 가치가 있다. 그 가치는 돈을 지불한 순간 이미 얻었다. 강사가 누구든, 강의 내용이 무엇이든 그 가치는 달라지지 않는다.

강의가 별로라고 판단해 수강료를 환불받는다면 강의에서 얻을 수 있는 핵심가치도 버리는 것이다. 이미 지불한 거대한 시간비용도 쓰레기가 되어 영원히 사라진다.

책 읽기도 마찬가지다. 일주일간 책 한 권을 힘들여 읽고 나서 헛짓을 했다고 화내는 사람이 있다. 책 속에서 건질 것이 하나도 없었다고 한다. 실제로 책값을 환불받으려는 사람도 얼마든지 있다. 강의와 마찬가지로 자신이 읽은 책을 환불받는 행위도 무조건 손해 보는 게임이다. 책값 만 원은 환불받을 수는 있지만, 일주일이라는 거대한 시간비용이 쓰레기가 되고 만다. 책이 전하고자 하는 가치도 반환해버리는 일이다.

강의와 마찬가지로 책에서도 무조건 3억 원 이상의 가치를 발견할 수 있다. 책 제목을 보고 만 원을 지불했다면 이미 만 원 이상의 가치를 얻은 것이다. 그 가치는 저자에 따라, 책 내용에 따라 달라지지 않는다. 잡지에서도 만화책에서도 거대한 가치를 발견할 수 있다. 책 제목만 보고도, 읽다가 던져버린 책에서도 거대한 가치를 발견할 수 있다.

자신이 파는 상품을 당당하게 팔고 싶다면, 그 상품들을 기꺼이 사보는 경험을 해야 한다. 명품을 팔고 싶으면 명품을 사보고, 강의를 팔고 싶으면 돈을 지불해 강의를 들어보고, 책을 팔고 싶으면 돈을 내고 책을 사보는 경험을 해봐야 한다.

자신이 사지도 않을 제품을 파는 사람들에게는 자신이 좋아하지 않는 것을 팔아야 한다는 위선적인 마음이 있는 것이나 마찬가지다. 그런 마음으로는 고객들과 공감할 수 없고, 사업도 성공시키기 어렵다.

나는 아이디어 판매상이 되고 싶어 나를 찾아오는 사람들에게 아낌없이 팁을 준다. 모든 팁을 받고도 아이디어 판매가 어렵다고 느끼는 사람에게는 마지막으로 이런 질문을 던진다.

"당신은 아이디어를 돈 주고 산 경험이 있습니까?"

대부분 이 질문에서 답을 주저한다. 하지만 아이디어를 돈 주고 사는 행위는 평소 생활에서 만날 수 있다. 책을 사는 것, 유료 강의를 듣는 것, 음반을 사는 것, 돈 내고 영화를 보는 것, 여행 상품을 사는 것 등이 모두 아이디어를 사는 행위다. 즉, 무형의 가치에 돈을 지불하는 것이 바로 돈을 주고 아이디어를 사는 행위다.

나는 앞서 질문에 대답을 주저하는 사람에게 부연 설명을 해주면서 무형의 가치에 돈을 얼마나 지불하는지 물어본다. 무형의 가치에 돈을 쓰지 않거나 아껴 쓰는 사람들은 아이디어를 판매하기가 쉽지 않다. 나는 그런 사람에게는 무형의 가치에 돈을 쓰는 경험을 해보라고 조언해준다.

물론 나도 무형의 가치에 비교적 돈을 많이 쓰는 편이다. 필요한 아이디어를 얻기 위해 책을 사고, 강연을 듣고, 특별한 경험을 하는 것을 좋아한다. 사업 아이디어가 떠오르면 도메인 이름을 정하고, 도메인이 살아 있으면 미리 등록을 해두어야 마음이 편할 정도다.

그 덕분에 도메인 등록과 유지비로 그동안 많은 비용을 지불했다. 꼭 필요한 도메인을 누군가 미리 등록해두어서 돈을 주고 산 경우도 몇 번 있었다. 무려 수천만 원을 지불하고 원하는 도메인을 확보한 적도 있다.

정말로 아이디어를 팔고 싶다면 아이디어를 돈을 주고 사는 경험을 해보라. 명품을 사본 사람이 명품을 팔 수 있듯이 아이디어를 사본 사람이 아이디어를 팔 수 있다.

아이디어를 산다고 해서 단지 사는 행위에서 그치면 안 된다. 아이디어를 사고 나서 손해 보는 느낌을 가지면 안 사느니만 못하다. 아이디어를 사서 최소 10배, 100배의 가치를 발견하는 기쁨을 누려 봐야 한다.

나는 종종 강의를 하다가 놀라운 사람을 만난 적이 있다. 3만 원짜리 강의를 듣고 너무 만족한 나머지 수강료가 너무 싸다면서 한사코 100만 원을 결제하겠다고 우기는 고객이 있었다. 그들은 실제 자기가 얻은 것이 지불한 돈의 100배 이상이라며 뿌듯해하셨다.

똑같은 강의를 듣고 어떤 사람은 돈이 아깝다며 환불받으러 오고, 어떤 사람은 너무 많은 것을 얻었다며 자발적으로 추가 요금을 지불한다. 똑같은 책을 읽고 어떤 사람은 돈이 아깝다고 생각하고, 어떤 사람은 너무 많은 것을 얻었다며 저자에게 감사 편지와 선물을 보낸다.

아이디어도 마찬가지다. 나는 강의와 모임에서 언제나 아이디어를 늘어놓고 판매한다. 똑같은 아이디어를 보고 어떤 사람은 만 원도 아깝다 여기는 반면, 어떤 사람은 천만 원의 돈을 기꺼이 지불한다. 기꺼이 아이디어에 돈을 지불하는 사람은 돈에 비해 훨씬 큰 것을 얻었다고 말한다. 두 사람 중 누가 아이디어를 팔 수 있을까?

돈을 주고 산 아이디어가 별로일 수는 없다. 아이디어를 듣고 돈을 지불한 순간, 이미 10배 이상의 가치를 얻은 것이다. 어떤 아이디어든 지불한 값의 10배, 100배의 가치를 뽑아낼 수 있다. 당신이 어떤 아이디어를 10만 원에 샀다면 즉시 그 가치가 100만 원이라 믿고 활용하라. 당신이 어떤 아이디어를 100만 원에 샀다면 이제부터 그 아이디어는 천만 원이라 믿고 활용하라. 물론 천만 원에 산 아이디어는 1억 원이라고 믿고 활용해야 한다.

아이디어가 적힌 문서를 읽기만 하고 아무것도 하지 않으면 아이디어의 가치는 정체한다. 아이디어를 돈으로 만드는 사람은 아이디어의 가치를 무조건 상승시킨다. 아이디어를 돈으로 만드는 사람은 아이디어가 역경에 부딪힐 때에도 무조건 아이디어의 가치를 상승시킨다.

아이디어를 파는 사람이 되려면 결코 돈을 주고 산 아이디어의 가치를 하락시키는 경험을 만들지 말아야 한다. 아이디어의 가치는 사는 사람이 이미 부여한 것이다. 이미 부여한 가치를 후회하고 스스로 깎아내린 경험은 트라우마가 되어 아이디어 판매를 방해하게 된다. 칼자루는 항상 당신이 쥐고 있다. 아이디어를 판매하는 사람이 되려면 당신은 어떤 아이디어든 10배 이상의 가치를 만들어야 한다.

아이디어가 돈이 된다고 믿는 사람은 결코 아이디어의 가치를 하락시키는 일을 하지 않는다. 아이디어를 돈으로 만드는 사람은 자신이 구매한 아이디어를 정성껏 가꾸면서 천 배, 만 배의 결실을 거둔다.

이제 마지막으로 정리해보자.

아이디어를 사서 항상 10배 이상의 기쁨을 누리는 사람만이 아이디어를 팔아 돈으로 만드는 아이디어의 진짜 주인이 될 수 있다.

Idea

아이디어를 파는 회사들

나는 뜻이 맞는 사람들과 여러 개의 아이디어 판매 회사를 운영하고 있다. 아이디어 판매 회사마다 아이디어를 판매하는 방식은 조금씩 다르다. 지금부터는 내가 운영하는 아이디어 판매 회사 몇 개를 소개하면서 어떤 아이디어를 어떻게 팔고 있는지 실제 사례를 들어보려 한다.

1 강의 아이디어를 판매하는 회사 스쿨몬스터

스쿨몬스터는 '비전문가가 최고의 강사'라는 가치를 판매하는 회사다. 이곳에서는 전문가이기에 강의를 하는 것이 아니라 강의를 하면 즉시 전문가가 된다는 가치를 전달하고 있다. 스쿨몬스터에서는 그동안 수백 개의 강의를 기획해 적임 강사를 찾고 진행해왔다. 강의 아이디어의 1차 고객은 강사이고, 2차 고객은 강의를 듣는 수강자들이다.

또 매주 한 사람을 지목해 강단에 세우는 '어떤 강의'를 5년 가까이 진행하고 있다. 강의를 하기 전에는 누구나 강의를 두려워하지만 한번 강의를 해보면 두려움이 사라진다. '어떤 강의'에서 생전 처음 강의를 하는 사람들이 늘어났고, 그들 중 많은 사람이 전문 강사로 거듭나고 있다.

매주 하나씩 새로운 강의를 기획해 발표하는 '놀라운 강의'도 진행하고 있다. 강의를 하면서 해당 강의를 하고 싶은 사람을 찾는 방식이다. 강의를 하고 싶은 사람은 정해진 값을 지불한다. 그러면 우리는 강의안을 제공하고, 상담을 통해 강의방법을 전수해준다. 스쿨몬스터를 통해 강사는 해당 강의를 함으로써 소정의 강의료 수입을 얻고, 그 분야 전문가로 발돋움하게 된다.

당신도 넘치는 강의 아이디어가 있는가? 그렇다면 스쿨몬스터처럼 강의 아이디어를 기획해 판매하는 사업을 시작해보라.

2 무자본 창업 아이디어를 판매하는 회사 버터플라이인베스트먼트

버터플라이인베스트먼트는 '무자본이 가장 거대한 자본'이라는 가치를 판매하는 회사다. 어떤 사업이든 무자본으로 할 수 있다는 확신을 심어주고, 더불어 다양한 무자본 창업 아이디어와 관련 콘텐츠를 제공한다.

우리는 자본이 필수인 창업과 자본이 필요 없는 창업을 구분하지 않는다. 상상할 수 있는 모든 사업은 무자본으로 할 수 있다고 믿는다. 심지어 돈이 있어도 무자본 창업을 해야 한다고 권하고 있다.

수많은 사람이 창업을 하지만 대부분 실패해 큰 빚을 지고 고통 속에서 살아간다. 개인적으로나 국가적으로나 큰 비극이다. 창업을 통해 후회하지 않으려면 시작하기 전에 한 번 망했다 생각하고, 다 잃었다 생각하고, 무자본으로 창업하는 것만이 답이다. 지금껏 버터플라이인베스트먼트를 통해 천 명에 가까운 고객에게 무자본 창업 아이디어를 팔았다. 그리고 그중 많은 사람이 무자본 창업을 실천하고 있다.

버터플라이인베스트먼트의 무자본 창업 패키지를 구입하면, 무자본 창업의 가치와 창업 방법을 안내받고, 다양한 무자본 창업 아이템을 만날 수 있다. 고객은 제공받은 아이디어로 사업화를 하거나, 마음껏 변형해 자신의 사업에 활용할 수 있다. 정기적으로 진행하는 포럼에 참석해 궁금증을 해결하고, 무자본 사업가들과 교류도 할 수 있다.

당신도 창업하고 싶은 멋진 아이디어가 있는가. 누구든 창업 아이디어를 팔아 돈으로 만드는 사업을 진행할 수 있다.

3 책쓰기 아이디어를 판매하는 회사 하루만에 책쓰는 사람들

'하루만에 책쓰는 사람들'은 '누구든, 어떤 책이든 하루만에 쓸 수 있다'는 신념을 판매하는 사업이다. 전문가나 특별한 사람들만 책을 쓴다는 것은 낡은 고정관념이다. '하루만에 책쓰는 사람들'은 누구나 저자가 될 수 있다고 전파한다.

책을 쓰고자 하는 사람은 많은데, 소수의 사람만 책을 쓰고 있는 실정은 책 쓰기가 어렵고, 오래 걸린다는 고정관념 때문이다. 나는 지난 10여 년 동안 실험을 통해 하루만에 몰입해 한번에 책을 써내는 것이 최고의 방법임을 알아냈다. 그동안 내가 터득한 방법으로 수백 명의 사람들을 하루만에 작가로 탄생시키기도 했다.

나는 지금도 하루만에 책쓰기로 매주 한 권씩 책을 쓰고 있다. 책 쓰기 아이디어는 너무 빨리 늘어나서 점차 혼자서 감당할 수 없었다. 지금은 책 쓰기 아이디어가 쌓일 때마다 이를 책으로 저장하고 있다.

'하루만에 책쓰는 사람들'에서는 가입한 회원들에게 내가 준비한 책 쓰기 아이디어를 풍부하게 제공하고 있다. 회원들은 제공받은 책 쓰기 아이디어 중에서 골라 자신에 맞게 변형한 후 자신의 스타일로 책을 쓰면 된다. 책을 쓰는 방법과 출판과정에 대해서도 다양한 도움을 제공하고 있다.

혹시 당신도 지금 책을 쓰고 있는가? 책을 쓰다가 소재가 쌓이고, 혼자서 다 쓸 수 없다면 내가 하는 것처럼 책 쓰기 아이디어를 판매하는 사업을 진행해보라.

4 연구 아이디어를 판매하는 회사 큐니버시티

'큐니버시티'는 '호기심을 가지고 스스로 연구하는 즐거움'을 판매하는 회사다. 나는 오랫동안 학교에 다녔지만 학교 공부가 즐겁지 않았다. 국가가 일률적으로 정해놓은 커리큘럼을 일방적으로 따라야 하고, 시험이라는 제도를 통해 모든 학생을 한 줄로 서열화하는 시스템에 진저리가 났다.

왜 똑같은 과목을 똑같은 방식으로 공부해 일률적으로 평가받아야 할까? 누굴 위해, 무엇을 위해 그래야 했을까? 자기가 품은 호기심을 스스로 연구하고 해결하는 공부를 할 수는 없을까?

나는 학교를 떠나고 나서야 비로소 나만의 호기심을 발견했고, 스스로 그것을 해결하는 즐거움을 누리기 시작했다. 진정한 연구의 즐거움을 누리기 위해서는 자기만족 이외의 모든 목적이 사라져야 한다고 생각했다. 호기심을 해결하는 즐거움은 남녀노소 누구나 누려야 하는 권리라고 생각했다. 그래서 우리는 '큐니버시티'라는 새로운 개념의 대학교가 필요했다.

큐니버시티가 있었기에 나는 내가 하고 싶은 연구를 마음껏 할 수 있었고, 자유롭게 논문도 발표할 수 있었다. 큐니버시티가 알려지기 시작하자 자신도 연구를 하고 논문을 쓰고 싶다는 사람들이 나타났다. 그런데 정작 무엇을 연구할지 모르겠다는 사람들도 있었다.

큐니버시티는 그런 사람들에게 매일 하나씩 흥미로운 연구 아이디어를 생산해 제공하기 시작했다. 누구든 연구 주제를 보고 호기심이 생기면 큐니버시티에 들어와 연구하고 논문을 쓰면 된다.

당신도 연구하기를 좋아하는가? 연구하고 싶은 주제가 쌓여가는가? 그렇다면 연구 아이디어를 팔아 돈으로 만드는 사업도 진행할 수 있다.

5 C급 사업 아이디어를 판매하는 회사 후크인터스텔라

'후크인터스텔라'는 '누구에게나 최고를 꿈꿀 자유가 있다'는 슬로건으로, C급 사업 아이디어를 생산해 사회가 반기지 않는 사람들에게 제공하고, 그들이 스스로 생존하는 기반을 만들어주는 회사다.

버터플라이인베스트먼트를 몇 년간 운영해본 결과, 그 사업만으로 영향을 미칠 수 없는 집단이 있음을 깨달았다. 쉽게 말해 사각지대가 있었던 것이다. 주로 주류가 아닌 비주류 사람들, 대체로 사회에서 소외된 사람들이 그런 고객이었다. 그들은 버터플라이인베스트먼트가 제공하는 특별하고 세련된 창업을 하기가 어려웠다.

우리는 버터플라이인베스트먼트와 정반대 색깔의 사업 아이디어를 생각하기 시작했다. 그리고 이들 사업을 'C급 사업 아이디어' 또는 '개 같은 사업 아이디어'라고 부르기 시작했다. C급 사업은 대체로 어둡고, 더럽고, 약간은 위험한 사업이다. 머리보다는 몸이 우선되는 사업이다.

C급 사업의 적임자들은 전과자, 신용불량자, 꼴찌, 자퇴생, 사기꾼 등 사회에서 반기지 않는 사람들이었다. 그런 사람들도 생존을

해야 한다. 만약 그들이 생존하는 데 문제가 생긴다면 우리 사회 전체도 혼란스러워질 수밖에 없다.

'후크인터스텔라'는 그들에게 C급 사업 아이디어를 제공하고, 별도의 창업 없이 후크인터스텔라 안에서 사업을 할 수 있도록 도와준다. 만약 진행하던 사업이 싫증 나면 언제든 다른 사업을 할 수 있게 길을 터준다.

당신도 관심 있는 'C급 아이디어'가 있는가. 있다면 그것도 팔아 돈으로 만들 수 있다.

6 세계 유일의 비즈니스 모델을 판매하는 회사 클라우드에어라인즈

'클라우드에어라인즈'는 구름비행기 멤버십을 통해 삶의 기반이 되는 핵심가치와 세계 유일의 환상적인 비즈니스 모델을 판매한다.

내 머릿속에는 판매하려는 많은 아이디어로 가득 차 있다. 강의와 모임을 통해 언제든 아이디어를 끌어내어 전시한다. 아이디어 중에는 누구나 다 아는 아이디어가 있고, 조금 특별한 아이디어도 있고, 아주 특별한 아이디어도 있다.

일반적인 아이디어는 내가 돕지 않아도 많은 사람이 진행할 수 있다. 조금 특별한 아이디어는 내 도움이 조금 필요하다. 그런데 아주 특별한 아이디어는 내 도움이 늘 필요하다. 세계 유일의 아이디어이고, 유례가 없기 때문에 아이디어를 본 사람이 욕심을 내어도 혼자 진행할 수 없다.

아주 특별한 아이디어를 실현하기 위해서는 실천하는 사람의 마인드 혁신이 반드시 필요하다. 나는 세계 유일의 비즈니스 모델을 제공하고, 이를 실천하는 사람들의 마인드를 혁신하는 사업을 별도로 만들었다. 바로 클라우드에어라인즈의 '구름비행기 멤버십'이다. 구름비행기 멤버십은 평생 유지되며, 회사가 존재하는 한 자녀에게 유산으로 상속할 수도 있다.

나는 평소 연구를 통해 삶의 혁신가치를 연구하고, 이를 기반으로 세계 유일의 비즈니스 모델을 만든다. 모든 콘텐츠는 회원들에게 정기적으로 배송되고, 전용 카페를 통해 공유된다. 회원들은 제공되는 모든 콘텐츠를 강의와 책쓰기에 활용하고, 원하는 비즈니스 모델이 있다면 클라우드에어라인즈의 평생지원을 받으며 진행할 수 있다. 구름비행기 멤버십 회원은 나와 관련된 다른 사업들의 서비스도 무상으로 받을 수 있다.

클라우드에어라인즈는 실재하는 아이디어 판매회사이지만 오프라인에서도 온라인에서도 좀처럼 모습을 찾아보기가 어렵다. 클라우드에어라인즈의 회원이 되려면 나를 직접 찾아와 상담을 받아야 한다.

당신도 세상을 바꿀 만한 아주 특별한 아이디어가 있는가? 그러한 아이디어가 두 개 이상 있다면 당신도 나처럼 환상적인 비즈니스 모델을 파는 사업을 진행할 수 있다.

지금까지 내가 운영하는 여러 가지 아이디어 판매회사들의 개념과 운영방식에 대해 알아보았다. 내가 운영하는 회사들이 판매하는 아이디어는 모두 특허와는 관련이 없다. 나는 주로 기업에 아이디어를 판매했다. 그러던 중 개인에게 아이디어를 판매하는 것이 더 효과적이라 판단했고, 최근에 여러 회사를 창업했다. 대부분 시작 단계에 있으며, 작은 규모지만 특허 없는 아이디어도 판매된다는 사실을 분명히 증명해주고 있다.

물론 회사의 존재와 개념을 공개하는 것이 어떤 독자에게는 홍보로 보여서 거부감을 줄 수 있다는 것을 안다. 그러나 한편으로 생각하면 이것이야말로 이 책이 줄 수 있는 가장 귀중한 정보다. 이들 회사의 존재는 아이디어를 지속적으로 판매하는 시스템이 어떻게 구축되는지를 알려준다. 그리고 이들 회사는 이 책에서 말하는 아이디어 판매 방식이 실제로 실현 가능하다는 가장 중요한 증거가 된다. 나는 누구에게나 이들 회사의 비즈니스 모델을 모방하거나 재창조할 가능성이 열려 있다고 생각한다. 또한 여기서 영감을 얻어 당신도 아이디어를 판매할 수 있다는 자신감을 얻는 도구로 활용한다면 더 없이 기쁠 것이다.

아이디어를 파는 여러 가지 방식

Idea

이제 아이디어 판매의 여러 가지 방식을 알아보자. 다른 분야와 같이 아이디어를 판매하는 것에도 정해진 룰은 없다고 생각한다. 나는 그동안 다양한 방법을 시도하면서 아이디어를 판매해왔다. 사람마다 또는 아이디어의 종류마다 적합한 판매 방식이 있을 것이다. 자기 성격에 맞고 쉬워 보이는 방식부터 하나하나 시도해보기 바란다.

1 1:1 문서 제공 방식

아이디어 구매 희망자에게 판매하려는 아이디어를 구두로 설명하고, 구매 희망자가 구체적인 자료를 원하면 적정한 값을 결제받은 후 아이디어가 기록된 문서를 메일로 전달해준다. 아이디어를 너무 싸게 제공하면 구매한 사람이 가치를 느끼지 못한다. 적당히 비싼 값에 파는 대신 구매자가 도움을 원하면 언제든 도움을 준다.

나는 무자본 창업 아이디어를 팔기 전에 주로 이런 방식으로 기업과 개인들에게 아이디어를 팔았다. 문서의 내용은 구두로 전한 내용을 간결하게 정리한 것이었고, 분량은 A4용지 1~3장 정도였다.

문서의 질과 분량으로 아이디어의 값을 매길 필요는 없다. 아이디어의 핵심 가치와 실현과정을 분명하게 전달하는 것이 중요하다.

2 1년 멤버십 판매 방식

연회비를 결제받고 매월 또는 매주 정기적으로 아이디어 문서를 메일로 제공하는 방식이다.

나는 버터플라이인베스트먼트 초기에 이런 방식으로 아이디어를 팔았다. 110만 원의 멤버십 비용을 결제받고, 매주 하나씩 50주간 아이디어를 정기적으로 배송했다. 그리고 한 달에 한 번 정기적으로 포럼을 열면서 회원들의 궁금증을 해결해주었다.

이 방식은 아이디어가 쌓여 있지 않은 상태에서 시작할 때 유용한 방식이다. 단, 중간에 환불에 대한 리스크가 있다는 것이 단점이다.

3 패키지 파일 제공 방식

비교적 큰돈을 결제받고, 그동안 제작한 모든 아이디어를 묶어 압축파일로 제공하는 방식이다.

몇 년간 버터플라이인베스트먼트를 운영하면서 많은 아이디어와 콘텐츠가 축적되었다. 현재의 버터플라이인베스트먼트는 110만 원을 결제한 고객들에게 모든 자료를 한 번에 패키지 형태로 제공하고, 월 정기 포럼에 초대해 궁금증을 해결해준다.

이 방식은 아이디어와 콘텐츠가 축적되어 있을 때 가능한 방법이며, 판매 후 환불의 리스크가 없다는 장점이 있다.

4 멤버십 카페 운영 방식

아이디어 문서를 온라인 카페에 올려 멤버십 회비를 결제한 고객들이 자유롭게 다운받아 활용하게 하는 방식이다.

현재 클라우드에어라인즈가 활용하는 방식이다. 클라우드에어라인즈는 회원들에게 매월 2회에 걸쳐 자료를 발송하지만, 그간 보낸 모든 자료와 수시로 만든 자료를 회원 전용 카페에 올려두어 회원들이 언제 어디서든 자유롭게 이용하도록 한다.

이 방식은 자료가 다양하고 비정기적으로 발생할 때 유용하고, 운영자의 번거로움도 줄이는 효과적인 방식이다.

5 아이디어는 공짜로 주고 서비스를 판매하는 방식

모든 아이디어를 홈페이지나 강의 또는 책에 공개해, 아이디어

에 호감을 느낀 사람이 그것을 실현하기 위해 고객으로 참여하게
한다.

이것은 큐니버시티와 후크인터스텔라가 아이디어를 판매하는
방식이다. 큐니버시티는 호기심을 끄는 다양한 연구 아이디어를 홈
페이지와 강의에서 공개한다. 후크인터스텔라는 강의와 책으로 모
든 C급 아이디어를 공개한다. 이들 회사는 아이디어를 공개적으로
노출한 후에 그것을 실현할 인프라를 판매해 수익을 거둔다고 할
수 있다.

이 방식은 아이디어를 공개적으로 노출하므로 경쟁자가 있다면
불가능한 방식이다. 경쟁이 없는 독보적인 기업이 주로 취할 수 있
는 방식이다.

6 쇼핑몰에서 일반 상품처럼 판매하는 방식

아이디어를 판매하는 가장 일반적인 방식이다. 아이디어를 유명
콘텐츠 판매 채널에 등록해놓고 고객들이 자유롭게 결제해 다운받
도록 제공한다. 아이디어 거래 전문 사이트, 리포트 거래 사이트,
재능 구매 사이트 등에서 이 방식을 취한다. 아이디어를 전자책에
담아 온라인 서점에서 판매하는 것도 이 방식에 속한다.

가장 일반적인 방법이나 아이디어 판매자의 성격을 드러내기 어
렵고, 비싸게 팔 수 없다는 단점이 있다. 하지만 아이디어를 저렴하
게 많이 팔려는 사람에겐 가장 좋은 방식이다.

7 크라우드 펀딩 사이트에서 판매하는 방식

최근에는 크라우드 펀딩 사이트에서 아이디어를 판매하는 분들이 늘고 있다. 크라우드 펀딩 사이트에서 판매하는 아이디어는 책과 소품, 음반, 이벤트, 사업 아이디어 등 참으로 다양하다.

크라우드 펀딩 사이트는 아이디어에 얼마나 수요가 있는지 사전에 알아볼 수 있고, 단기간에 많은 사람들에게 아이디어를 알릴 수 있다는 장점이 있다. 상당한 돈을 미리 받고 차후 여유롭게 아이디어를 구체화할 수 있다는 점도 큰 매력이다.

아직 나는 크라우드 펀딩 사이트를 통해 아이디어를 판매해본 적이 없지만 조만간 이를 이용해 아이디어를 판매해볼 생각이다. 이 방식을 이용한 아이디어 판매 회사도 만들어볼 계획도 갖고 있다.

크라우드 펀딩 방식은 SNS 열풍을 타고 점점 더 발전할 것이다. 아이디어를 판매하는 분이라면 반드시 관심을 가져보라고 말씀드리고 싶다.

아이디어 파는 법 요약

1. 아이디어를 돈으로 만드는 아이디어의 진짜 주인은 아이디어를 낸 사람이 아니라 그 아이디어의 가치를 제대로 아는 사람이다.

2. 아이디어를 돈으로 만드는 아이디어의 진짜 주인은 일상에서 스치는 하찮은 것들을 하찮게 보지 않는 사람이다.

3. 아이디어를 돈으로 만드는 아이디어의 진짜 주인은 아이디어의 가치를 알고 끝까지 지키는 사람이다.

4. 아이디어를 돈으로 만드는 아이디어의 진짜 주인은 아이디어를 함부로 폄하하지 않는다. 사소한 아이디어도 최소 100억 원의 가치가 있다.

5. 아이디어를 돈으로 만드는 아이디어의 진짜 주인은 아이디어의 독창성이나 특허에 집착하지 않는다. 특허가 없어도, 독창적이지 않아도 얼마든지 아이디어를 팔아 돈으로 만들 수 있다.

6. 아이디어를 돈으로 만드는 아이디어의 진짜 주인은 아이디어를 실현하려고 미친 듯이 뛰어다니는 사람이다.

7. 아이디어를 돈으로 만드는 아이디어의 진짜 주인은 실행 가능한 이유를 끊임없이 말하면서 아이디어를 살아나게 한다.

8. 아이디어를 돈으로 만드는 아이디어의 진짜 주인이 되려면 찾아가고 제안하고 설득하는 일이 일상이 되어야 한다.

9. 아이디어를 돈으로 만드는 아이디어의 진짜 주인이 되려면 '할 수 없다'는 말을 신뢰하면 안 된다. 그런 말은 고정관념에 사로잡힌 채 좀비처럼 사는 사람들의 변명일 뿐이다.

10. 아이디어를 돈으로 만드는 아이디어의 진짜 주인은 추진하는 아이디어에 대해 장기적인 애착을 가져야 하고, 장기적인 문제에 대한 걸림돌을 미리 제거해야 한다.

11. 아이디어를 사는 사람은 아이디어를 파는 사람을 관찰하는 사람이다. 아이디어를 파는 사람이 아이디어를 실현하기 위해 얼마나 열정을 가지고 일하는지를 아는 사람이다.

12. 값을 매길 수 없는 소중한 아이디어의 값은 무한대로 책정하라. 그리고 함께할 사람을 찾아 무한히 열린 수익을 창출하는 기쁨을 누려라.

13. 아이디어를 돈으로 만드는 아이디어의 진짜 주인은 늘 CEO처럼 생각하면서 전체 그림을 본다.

14. 아이디어를 돈으로 만드는 아이디어의 진짜 주인은 일반적인 생각에서 탈피해 한 차원 높은 남다른 해결책을 제시한다.

15. 아이디어를 돈으로 만드는 아이디어의 진짜 주인은 단기적

위험을 기꺼이 감수하면서 큰 목표를 위해 과감하게 몸을 던진다.

16. 아이디어를 돈으로 만드는 아이디어의 진짜 주인은 넘쳐나는 확신과 자신감을 주변에 자연스럽게 전달한다.

17. 아이디어를 돈으로 만드는 아이디어의 진짜 주인은 아이디어가 맞닥뜨리게 될 모든 문제에 대해 완벽한 시나리오를 갖고 있다고 믿는다.

18. 아이디어를 돈으로 만드는 아이디어의 진짜 주인은 문서를 멋지게 꾸미는 데 에너지를 쓰지 않는다. 평범한 문서에 핵심을 간결하게 표현한다.

19. 아이디어를 돈으로 만드는 아이디어의 진짜 주인은 직관과 상상력으로 상대방의 감성을 무장 해제시키는 사람이다.

20. 아이디어를 돈으로 만드는 아이디어의 진짜 주인은 자기가 하는 말에 온 마음을 담아 말한다.

21. 아이디어를 돈으로 만드는 아이디어의 진짜 주인은 인맥에 연연하지 않고 그때그때 필요한 모든 사람들을 활용한다.

22. 정말로 아이디어를 팔고 싶다면 아이디어를 돈을 주고 사는 경험을 해보라. 명품을 사본 사람이 명품을 팔 수 있듯이 아이디어를 사본 사람이 아이디어를 팔 수 있다.

23. 아이디어를 사서 항상 10배 이상의 기쁨을 누리는 사람만이 아이디어를 팔아 돈으로 만드는 아이디어의 진짜 주인이 될 수 있다.

날아가는 새의 주인은 새를 가장 먼저 본 사람이 아니다. 그 새를 그림으로 그릴 수 있거나 말로 잘 설명하는 사람도 아니다. 날아가는 새의 주인은 그 새를 잡을 수 있는 능력을 가진 사람이다.

아이디어도 마찬가지다. 아이디어의 주인은 아이디어를 가장 먼저 떠올린 사람이 아니다. 아이디어를 잘 정리하거나 잘 설명하는 사람도 아니다. 아이디어의 진짜 주인은 아이디어의 가치를 알아보고 강력한 실현 의지를 갖춘 사람이다.

아이디어의 가치를 알고 실현하려고 행동하는 사람만이 아이디어를 팔아 돈으로 만들 수 있다. 실현할 수 있다는 자신감은 아이디어를 단순화해서 보고, 외부의 자원을 자유롭게 활용하고자 할 때 생긴다.

새로운 자동차를 만든다는 아이디어를 추진하는 당사자가 혼자서 자동차를 만드는 것은 대단히 어려운 일이다. 하지만 정당한 대가를 지불하고 전문 디자이너와 전문 기업에 의뢰하면 자동차도 쉽게 만들 수 있다. 그럼 필요한 자금은 어떻게 조달할까? 이것은 만들고자 하는 새로운 자동차를 아이디어 상태에서 고객이나 투자자에게 미리 팔고 돈을 먼저 받는 방법으로 가능하다.

아이디어를 실현하고자 하는 확고한 의지가 있는 사람은 오로지 아이디어가 실현되는 방법에만 집중하고 서서히 가능성을 높인다. 이런 사람은 부정적 시각이 있음을 인정하면서 관용과 인내로 사람들을 설득한다. 또 타인과 환경을 탓하기보다는 스스로 환경이 되어 사람들의 마음을 변화시킨다.

나는 한때 전자상거래 사업을 한 적이 있다. 매출 규모가 어느 정도 되었고, 손실을 보는 상태도 아니었다. 그런데 어느 날 아마존의 CEO 제프 베이조스의 인터뷰를 읽은 다음, 사업을 정리해야겠다고 결심했다. 세계의 전자상거래 시장을 제패하려는 베이조스의 야심에 압도된 것이다. 그동안 내게는 전자상거래 사업의 미래를 내다보는 야심이 없었다. 거대한 아마존 앞에서 내 비전은 존재감이 없음을 알았기에 미련 없이 사업을 접었다.

제프 베이조스 외에도 우리는 강력한 비전으로 사업을 추진하는 여러 CEO들을 알고 있다. 스페이스X의 일론 머스크가 그렇고, 소프트뱅크의 손정의 회장이 그렇고, 버진 그룹의 리차드 브랜슨이 그렇다. 나는 특별히 한국의 현대그룹을 창업한 정주영 회장과 일본 우에마쓰전기의 우에마쓰 쓰토무 사장을 존경한다.

강력한 비전과 실행력을 갖춘 사람들은 아이디어를 팔기가 아주 쉽다. 아이디어 판매상이 되려는 분들은 자기 분야에서 강력한 비전과 실행력을 갖춰야 한다. 자기 분야에 관해서는 누구보다 치열하게 연구하고, 누구보다 치열하게 싸워야 한다. 그래야만 잠재적 경쟁자들이 고개를 숙이고 당신에게 찾아와 당신의 아이디어를 사게 된다. 꼭 기억하길 바란다.

사람들이 아이디어에 대해 돈을 지불하는 이유는 아이디어 자체가 아니라 그 아이디어의 실현에 대한 당신의 자신감과 끝없는 사랑 때문이다.

이 책은 나의 경험을 바탕으로 주관적인 관점에서 쓴 책이다. 따라서 이 책의 주장이 누구에게나 통용되는 아이디어 판매의 법칙이 될 수는 없다. 내가 이 책에서 강조하고 싶었던 것은 아이디어 판매에 있어서 특허가 필수조건이 아니라는 것과 누구나 아는 아이디어도 돈을 받고 팔 수 있다는 것이다.

나는 이 책이 아이디어를 팔아 돈으로 만들고 싶은 사람들에게 새로운 가능성과 도전의 촉진제가 되기를 바란다. 이 책의 사례를 참고하여 더 넓은 가능성의 대지에서 자신만의 방법을 찾아 나서길 바란다.

이 책이 나오기까지 많은 분의 도움을 받았다. 먼저 나와 함께 아이디어를 판매하는 동료 사업가들에게 감사를 전한다. 버터플라이인베스트먼트 신태순 대표, 큐니버시티 최성호 총장, 후크인터스텔라 오시열 대표. 이 분들은 내가 자랑스러워하는 아이디어 사업가들이다. 다음으로 나와 내 동료들이 제공하는 아이디어를 제공받아 세상을 변화시키는 무자본 창업가분들께 감사를 전한다. 월드비즈타운 이동근 대표, 쿰라이프게임즈 배하연 대표, 이야기제국 김자현 대표, 더커피클럽 김윤 대표. 이분들은 세상의 주인으로 활동하는 멋진 사업가들이다.

다음으로 스쿨몬스터에서 놀라운 강의를 하는 강사들과 매월 한 권 또는 매주 한 권 꾸준히 책을 쓰는 작가들에게 감사를 전한다. 이분들은 서로에게 용기와 에너지를 주는 마법 같은 존재들이다. 다음으로 이 책에서 실패와 성공의 사례에 등장하는 모든 분에게 감사를 전한다. 나에게 직접 도움을 주신 분들은 당연히 깊이 감사를 드리고, 비판하고 방해함으로써 더 큰 성장의 기회를 주신 분들께도 깊은 감사를 드린다.

이 책의 초안은 매우 엉성했다. 독자 입장에 서서 이해하기 쉽도록 원고를 다듬고 보완하도록 독려해주신 비전코리아 김승희 차장에게 고마움을 전한다.

가족의 구성원으로서 나는 한없이 못난 사람이다. 배려심도 없고, 잔재주도 없으면서 고집 하나는 세계 최고 수준인 남편을 한결같은 마음으로 보필해 주는 아내와 3살 아이 같이 실수투성이인 아빠를 웃음으로 이해해주는 아들에게 고마움을 전한다.

마지막으로 이 책을 끝까지 흥미롭게 읽어주신 독자들에게 깊은 감사를 드린다.

나는 투자금 없이
아이디어만으로 돈을 번다!

초판 1쇄 인쇄 2020년 04월 10일
초판 1쇄 발행 2020년 04월 17일

지은이 최규철
펴낸이 이범상
펴낸곳 (주)비전비엔피 · 비전코리아

기획 편집 이경원 김승희 박주은 황서연 김태은
디자인 김은주 이상재 한우리
마케팅 한상철 이성호 최은석 전상미
전자책 김성화 김희정 이병준
관리 이다정

주소 우)04034 서울시 마포구 잔다리로7길 12 (서교동)
전화 02)338-2411 | **팩스** 02)338-2413
홈페이지 www.visionbp.co.kr
인스타그램 www.instagram.com/visioncorea
포스트 post.naver.com/visioncorea
이메일 visioncorea@naver.com
원고투고 editor@visionbp.co.kr

등록번호 제313-2005-224호

ISBN 978-89-6322-164-9 14320

이 도서의 국립중앙도서관 출판시도서목록(CIP)은 서지정보유통지원시스템 홈페이지(http://seoji.nl.go.kr)와
국가자료공동목록시스템(http://www.nl.go.kr/kolisnet)에서 이용하실 수 있습니다.(CIP제어번호: CIP2020013086)